AF453495

AU JAPON

DU MÊME AUTEUR

CHEFS-D'ŒUVRE D'ART JAPONAIS, empruntés aux Collections Parisiennes. Album de 100 planches. Paris, LONGUET, 1905.

LE CAIRE (Les Villes d'Art). Paris, LAURENS, 1906.

MANUEL D'ART MUSULMAN. Les Arts plastiques et industriels. Paris, PICARD, 1907. *(Couronné par l'Académie des Inscriptions et Belles-Lettres. Prix Bordin.)*

CHEFS-D'ŒUVRE D'ART MUSULMAN. Album de 100 planches. LÉVY, éditeur, 1903.

LE MUSÉE DU LOUVRE. *Les Collections d'Art Musulman,* 2 albums de planches avec un texte introductif.
Les Estampes Japonaises, 2 albums *(Idem)*.
L'Art Chinois, 1 album *(Idem)*
L'Art Japonais, 1 album *(Idem)*. Éditions MORANCÉ, Paris, 1923-1926.

BIBLIOTHÈQUE D'ART ET D'HISTOIRE. *Les Arts Musulmans,* 1 album de 60 pl., 40 pages de texte. VAN OEST, Paris, 1926.

Gaston MIGEON

Directeur honoraire des Musées Nationaux.

AU JAPON

PROMENADES AUX SANCTUAIRES DE L'ART

Couronné par l'Académie française

NOUVELLE ÉDITION

40 *Planches*

1926

LIBRAIRIE ORIENTALISTE PAUL GEUTHNER

13, rue Jacob. PARIS

A mon Ami

ULRICH ODIN

Kyoto, Octobre 1906.

INTRODUCTION

Ces impressions de voyage et d'art datent de 1906. Le Japon était alors connu par les livres des voyageurs et des romanciers qui s'étaient peu souciés de pénétrer en son intimité, et le Japon, avec une rare pudeur ne livre pas au premier venu les délicatesses de son âme. Seul l'admirable Lafcadio Hearn, en y vivant, nous le révéla sous les aspects de son ardente sympathie.

Il y a vingt ans, à la suite de la guerre de Mandchourie, le Japon se trouvait à un grave tournant de son histoire, et prêt à s'engager dans des directions différentes ; il devait être curieux d'étudier l'idéal nouveau qu'il pouvait s'être formé de la vie. Dans le courant qui allait les entraîner, les Japonais allaient-ils tout abandonner des traditions de la race, de leurs habitudes séculaires et des plaisirs si fins où tant de générations s'étaient complues ? Leurs âmes s'étaient-elles déveloutées de l'exquise délicatesse qui en faisait le prix ? Que demeurait-il du Japon des vieux âges ? Leur art surtout, qui n'avait pas attendu les événements récents pour subir l'influence lointaine de l'Occident, pouvait-il, dans l'ombre mystérieuse où l'on avait tenu jusqu'alors ses grandes manifestations, nous révéler une beauté que nous soupçonnions sans la connaître ? Ultime et passionnante question à laquelle aucun voyageur n'avait su apporter une réponse péremptoire. C'est ce dernier point de vue qui me détermina à aller passer quelques mois d'automne au Japon, afin de pénétrer ce secret, et d'essayer de situer son art ancien à la place qu'il est digne d'occuper dans le rêve de beauté qu'ont tenté d'exprimer les autres peuples.

C'était une chose étrange, en vérité, qu'à l'heure où l'archéologie occidentale avait débrouillé tant de questions obscures et projeté quelques lumières sur les origines de nos arts européens, cette page de l'histoire de l'Art fût demeurée blanche, et que ce fût le dernier art qui nous restait à connaître, que personne ne vint avec ferveur interroger. Il est aussi grand que les autres ; sa sculpture et sa peinture, pour n'avoir pas tout embrassé, égalent en quelques-unes de leurs plus hautes manifestations les grands chefs-d'œuvre de l'Egypte, de la Grèce, de la France et de l'Italie. Réfractaire à l'étude du nu, dépourvue d'une matière dure telle que le marbre ou la pierre, sa statuaire a, dans la pratique du bois peint ou laqué, représenté les figures divines avec une profondeur d'idéalisme sans doute unique, et les figures de ses abbés et de ses bonzes avec une puissance d'expression dans la méditation ou la prière, avec une acuité de caractère individuel tout à fait troublantes. Les étoffes si souples et si légères, sous lesquelles les corps libres se mouvaient harmonieusement, offraient naturellement aux sculpteurs des chutes de plis où leurs recherches dans le drapé rencontrèrent des dispositions aussi belles qu'on en peut trouver dans les sculptures grecque ou française. Sa peinture, exclusivement religieuse à l'origine, se fit de la divinité une idée si élevée que jamais artistes ne se servirent ainsi de la figure humaine pour l'anoblir, l'épurer et l'élever jusqu'à l'idée mystique qu'ils tentaient d'exprimer. Si bien qu'on peut affirmer qu'il n'est

pas d'art plus idéal. Et, par les procédés de la peinture à la
gouache si fine et si légère sur un fond aussi délicat que la soie, les
peintres réalisèrent des merveilles d'harmonies colorées, où les
splendeurs des ors discrètement divisés en traits minces et fins
s'accordaient avec les roses les plus suaves, les verts les plus rares
et les violets les plus subtils ; si bien qu'on peut dire qu'il n'est
pas de peinture moins appuyée et plus exempte de lourdeur il n'en
est pas de plus immatérielle.

Le Japon avait reçu de la Chine les principes de cet art bouddhique qu'elle-même avait empruntés à l'Inde, comme il en reçut
sa religion, sa morale, sa philosophie, son écriture. Les ambassades
et les pèlerinages furent les véhicules de ces multiples influences ;
et c'est par eux qu'au cours de plus de huit siècles le Japon recueillit
avec ferveur tant de monuments de l'art chinois que ses empereurs,
ses seigneurs, ses temples absorbèrent, et qu'ils ont conservés en
les vénérant jusqu'à nos jours, alors qu'en Chine même des bouleversements sociaux, tels que l'invasion des Mongols, durent peu
respecter les œuvres des dynasties précédentes. Le jour où l'on
voudra étudier la peinture chinoise, et c'est un des beaux chapitres
de l'histoire de l'Art, on pourra le faire surtout au Japon. On
découvrira qu'en y apportant son spiritualisme délicat et la tendresse de son âme, le Japon, dans son rêve du Divin réalisé
par ses peintres, ne fit que suivre les exemples de la Chine ; mais
cette « alma mater », qui lui révéla la Beauté, comme la Grèce et
Rome furent les initiatrices des civilisations de l'Occident, en
conçut une idée plus mâle dans des visions plus grandioses, et
rencontra des moyens d'expression plus puissants. Peut-on se
douter un seul instant que la dynastie des Song, du Xe au
XIIe siècle, posséda des peintres fameux qui réalisèrent le paysage
comme nos modernes, en se préoccupant de rendre les états d'at-

mosphère, *les jeux changeants de la lumière, le drame de l'orage et de la tempête : qu'il faut en Europe attendre le XVIIe siècle et les Hollandais pour rencontrer des recherches semblables, et que ces vieux maîtres chinois sont même bien plus près dans leur pratique des subtilités d'un Claude Monet ou d'un Whistler.*

La visite des temples, des musées et des collections du Japon peut apprendre bien d'autres choses encore : qu'au milieu de préoccupations d'un mysticisme aussi élevé, d'autres Ecoles suivaient des tendances plus réalistes, et qu'en plein XIIe siècle, parmi les Ecoles de Kasuga *et de* Takuma [1] *un homme véritablement génial, Sumiyoshi Keion, peignait des scènes de bataille où il narrait avec le plus extraordinaire sentiment épique les luttes mémorables des* Minamoto *et des* Taira *; que ces tendances se poursuivirent à travers toute l'Ecole de* Tosa, *qu'on a crue bien à tort nouée par des formules d'étroit formalisme aristocratique, et qui fut au contraire une des plus vivantes et des plus passionnées à rendre les spectacles de la vie, bien avant l'Ecole populaire de l'Oukiyoyé.*

Comment comprendre que de telles beautés soient demeurées ignorées ! L'art japonais fut accueilli depuis cinquante ans en Europe, avec une faveur sans cesse croissante ; mais on ne l'a vraiment connu que par ses petits côtés. Nous n'avons pas grand'chose à apprendre sur les arts industriels du Japon ; nous avons longtemps ignoré à peu près tout de ses grandes Ecoles de peinture et de sculpture jusqu'au XVe siècle. Le premier qui en eut la véritable intuition et en comprit instinctivement et de prime abord la splendeur, fut M. Fenollosa, un Américain, appelé par le

---

1. Pour ne pas alourdir ce petit livre de notes, nous avons cru préférable de donner, dans un index final, l'explication des noms japonais.

gouvernement japonais à la chaire d'économie politique de l'Université de Tokio vers 1877 ; il sentit très vivement les merveilleuses découvertes offertes à sa curiosité, et quels trésors, sans lourds sacrifices d'argent, étaient proposés à sa convoitise. La Révolution, qui avait mis fin au Shôgunat et fait passer le Japon d'un état complet de féodalité au régime nouveau qui n'allait pas tarder à devenir parlementaire, avait appauvri considérablement les Daïmios et plus encore les Samurais. Beaucoup de choses des vieilles collections de famille se trouvèrent mises en circulation : il n'existait guère alors de fortunes nouvelles de banquiers et d'armateurs pour les absorber comme aujourd'hui. M. Fenollosa, aidé de son ami M. Bigelow, réunit ainsi, en quelques années, une extraordinaire collection de peintures chinoises et japonaises, devant constituer plus tard le premier fond du musée de Boston, qui ne possède actuellement pas moins de cinq mille numéros. Puis, apportant, il y a plus de vingt ans, ses conseils éclairés à M. Ch. Freer, un riche industriel de Détroit (Michigan), il refit avec lui à frais considérables (les temps étaient changés) une autre extraordinaire collection de peintures, qui, en avril 1906, fut offerte à l'Etat américain, acceptée par le Congrès, et qui constitue à Washington, depuis la mort de Ch. Freer, le plus beau musée d'Extrême-Orient du Monde.

Pendant ce temps, l'Europe, mal avertie, collectionnait au petit bonheur. Anderson allait au Japon, achetait de la peinture sans discernement, et rapportait au British Museum une collection nombreuse, mais pleine de fâcheuses tares. Cernuschi, sans grand instinct artistique, achetait des voiturées de bronzes et constituait un formidable ensemble, où l'on ne saurait trouver qu'une minorité de bronzes chinois de haute valeur et de grande ancienneté. Et les collectionneurs de Paris, certainement les plus sensitifs et les plus raffinés de l'Europe, devaient rester dans l'ignorance des grands chefs-d'œuvre que le Japon conservait avec un soin jaloux. Il n'est pas de peuple, en effet, où l'art, se trouvant mêlé à la vie, ait été l'objet d'un plus constant honneur et qui n'en ait été plus légitimement orgueilleux. Des fortunes se sont édifiées au Japon depuis trente ans dans les affaires qui sont comparables aux plus considérables de l'Europe. MM. Kawasaki, Fujita, Masuda Hara, Sumitomo, Murayama ou Ueno n'auraient jamais laissé passer en des mains étrangères des chefs-d'œuvre qui leur auraient été proposés. Les grands marchands du Japon n'ont pas à aller frapper à d'autres portes, et, à défaut de celles-ci, celles du Nouveau Monde, où ils entretiennent des managers à New-York et à Boston, leur sont largement ouvertes. Les amateurs japonais attachent à une de leurs belles peintures nationales le prix que nous attachons aux nôtres. S'ils peuvent avoir à redouter parfois la concurrence américaine, ils n'ont rien à craindre de l'Europe : il ne faut pas chercher ailleurs les raisons de notre pauvreté à cet égard.

Si très peu de grandes œuvres sont venues jusqu'à nous, nous ne fûmes longtemps guère plus riches en connaissances, car le catalogue de la collection Anderson, valable au point de vue historique, est sujet à caution au point de vue critique.

M. Fenollosa, grande autorité en ces matières, s'est décidé à donner une forme écrite à ses connaissances, et a fait paraître une histoire de l'Art en Chine et au Japon, dont une traduction a paru en France à la Librairie Hachette. En Angleterre, M. Laurence Bynion a écrit un beau livre « painting in the far east ».

Les Allemands ont depuis vingt ans multiplié les études sur l'art Japonais, entre autres MM. Munsterberg et Otto Kummel,

M. le Dr Grosse sur la peinture au lavis — et M. With sur la sculpture bouddhique.

Nous devons beaucoup espérer dans cet ordre d'idées du Japon lui-même. Les études archéologiques furent lentes à s'y organiser, et, si l'on s'occupait d'Art, on ne le faisait guère scientifiquement. Il était permis d'espérer que les jeunes étudiants qui avaient vécu aux Universités d'Amérique, d'Allemagne, de France ou d'Angleterre, en rapporteraient de bonnes méthodes, et feraient de leurs arts une étude attentive, sérieuse et scientifique. Ces travaux sont maintenant en très bonne voie. M. Okakura Kakuzo, conservateur au Musée de Boston, avait écrit jadis quelques pages infiniment pénétrantes sur le Bouddhisme : et MM. Imaïzumi et Shiro Katano, conservateurs du Musée de Tokio, ont écrit de bonnes notices dans les belles publications des Relics of Japan *et de la* Kokka.

Ces deux Recueils de représentations de monuments, sculptures et peintures, font le plus grand honneur au Japon. La Kokka, *déjà vieille de plus de trente ans, continue activement à publier les richesses d'art du pays et, depuis vingt ans leur consacre des notices en anglais.* Relics of Japan, *en vingt livraisons, est un des plus beaux ouvrages d'art du Monde, et un répertoire admirable pour l'étude de l'art japonais.*

Depuis lors d'excellentes publications japonaises, avec un grand soin de perfection technique dans l'illustration, ont tendu à nous faire connaître les diverses Ecoles d'art ou les grands artistes du pays ; nous sommes maintenant bien mieux informés sur le développement de l'art bouddhique aux époques Fujivara et Kamakura et aussi sur Keishoki, sur Motonobu, sur Sotatsu, sur Korin et son Ecole, sur Okio et son Ecole, et sur l'Oukiyoyë.

Nous ne sommes pas, en France, restés inactifs, bien que le personnel scientifique s'occupant de l'art japonais y fut des plus réduits. Nous pouvions espérer que la création d'un Institut archéologique d'Extrême-Orient à Hanoï dût être pour ces études un événement important. La chaire d'enseignement du Japonais y eut deux titulaires éminents, dont le premier, M. Claude Maitre vient de mourir, sans avoir vraiment bien exprimé tout ce que sa profonde connaissance de la langue et de l'art lui avait permis d'emmagasiner : le savant M. Noël Peri est mort également, non sans avoir toutefois donné une admirable traduction de quelques drames de Nô. Rendons hommage à M. Petrucci, esthète plein de sensibilité, qui disparut trop tôt pour donner toute sa mesure dans son analyse si pénétrante des chefs-d'œuvre de la peinture japonaise. Et espérons beaucoup de M. S. Ellisséev, jeune savant russe, chargé de conférences à la Sorbonne, qui connaît si bien la langue, — il nous a déjà donné un excellent livre sur la peinture japonaise, surtout moderne.

N'est-il pas infiniment fâcheux, que cette branche de l'art soit en France aussi délaissée. Tant d'élèves de l'Ecole Normale, soutenus par de fortes études et de bonnes méthodes de travail, ne comprendront-ils enfin qu'au lieu d'avoir les yeux fixés sur l'Ecole d'Athènes, où il ne reste plus à faire que des besognes arides et sèches d'épigraphie, le monde musulman et le monde de l'Extrême-Orient leur offrent tant d'énigmes à déchiffrer — qu'il y a deux écoles, celle du Caire et celle d'Hanoï, où tout reste à faire, et que ces avenues les menant à la Beauté, les mèneraient peut-être aussi à l'honneur.

Je n'ai pas la prétention d'apporter ici autre chose que des impressions ; elles sont sincères et partant d'un cœur passionnément épris des choses de ce pays. J'y ai passé trois mois inoubliables de ma vie ; j'y ai reçu un accueil qui toujours sera infiniment doux *à mon souvenir. Laissant de côté la politique et les affaires, soucieux avant tout de pénétrer sa vie, d'admirer ses paysages, et d'étudier son art, j'ai tâché en de brèves esquisses de vous en apporter les reflets et de vous donner envie d'y aller voir. Le Japon est demeuré lui-même. Ce pourquoi il cherche à nous imiter, il l'a cru nécessaire à son évolution. C'est une mince pellicule derrière laquelle les mœurs et les traditions sont demeurées intangibles* [1].

1. J'ai pensé qu'il pourrait être utile aux visiteurs, de plus en plus nombreux, qui parcourront le Japon en quête de sensations artistiques un peu neuves, de trouver en ce petit livre quelques indications qu'ils ne sauraient rencontrer en aucun guide ; aucun ne mentionne, en effet, les Trésors de peintures et de sculptures conservés dans les innombrables temples du pays, pas plus que les chefs-d'œuvre recueillis par les trois musées de Tokio, de Kyoto et de Nara. C'est ce qui justifiera le développement assez considérable donné ici à la partie de vulgarisation artistique. Bien des noms d'artistes seront prononcés sur lesquels je ne pourrai m'étendre ; pour comprendre la place à laquelle ils doivent être situés dans l'histoire de l'Art Japonais, je prie qu'on se reporte aux deux volumes de Tei-San : « *Notes sur l'art japonais*, au Mercure de France » (1905-1906), le plus récent ouvrage élémentaire sur ces questions. — On trouvera quantité de documents figurés sur l'Art Japonais dans l'album que j'ai publié sur les grandes collections de Paris : G. Migeon, *Chefs-d'œuvre d'Art Japonais*, Paris, Longuet, 1905 ; j'ai au cours de cette introduction indiqué les ouvrages français et étrangers qu'il peut être utile de consulter.

AU JAPON

CHAPITRE PREMIER

TOKIO

HISTOIRE DE LA VILLE. — SA CRÉATION AU COMMENCEMENT DU
XVIIe SIÈCLE. — L'ASPECT DE SES QUARTIERS. — LES DISPOSI-
TIONS INTÉRIEURES DE SES MAISONS. — LE PALAIS EN CONS-
TRUCTION DU PRINCE ROYAL. — LES CANAUX ET LA SUMIDA.
LES VOITURES ET LA DJINRIKISHA.

Les deux grands ports d'accès du Japon, Yokohama et
Kobé, ne sauraient vous retenir un seul instant ; ils durent
être charmants, ils sont devenus odieux par la banalité de leurs
aspects de grands ports cosmopolites, ardents à s'européaniser.

Tokio est relié à Yokohama par une ligne ferrée, qui permet d'en effectuer le trajet en trois quarts d'heure.

Tokio est d'origine relativement moderne ; un certain Ota
Dokwan y avait bâti, dès 1456, un château fort, auprès du
petit hameau de pêcheurs de Yedo, au milieu des lagunes.
Hideyoshi avait fort bien jugé l'avantage de la position au point
de vue militaire, quand il ordonna à son général *Yeyasu* de

s'en emparer, et, quand Yeyasu devint lui-même *Shôgun*, en 1603, il fit de Yedo sa capitale.

Kyoto continua à demeurer la capitale de l'Ouest, où le Mikado vivait enfermé en son palais dans une sorte de réclusion, et Yedo la capitale de l'Est, d'où le Shôgun gouvernait l'Empire. Il y vivait entouré d'un faste qui éclipsait celui de la Cour impériale, et obligeait les *Daïmios* à abandonner leurs clans pour y venir vivre six mois chaque année. A la chute du Shôgunat, en 1868, le Mikado vint s'établir à Yedo, et le nom de la cité devint alors Tokio ou Tokeï, c'est-à-dire capitale de l'Est.

Ainsi Tokio ne date à peu près que de trois siècles, et il serait cependant difficile d'y trouver beaucoup de traces de son premier établissement. C'est que les destinées d'une cité sont, au Japon, tout autres qu'en Europe ; l'architecture, jusqu'à nos jours, y fut presque exclusivement de bois, et les incendies ou les tremblements de terre y font constamment de tels ravages qu'on peut dire qu'au bout d'un siècle il ne reste dans une ville japonaise pour ainsi dire rien de ses constructions anciennes. « Le feu est la fleur de Yedo », dit un proverbe local. Il est vrai que ce peuple, demeuré si attaché à ses traditoins, a constamment reconstruit ses temples et ses maisons exactement sur les plans de ceux qui avaient été anéantis, et qu'on peut être ainsi assuré que la ville a fort peu changé d'aspect.

Acceptons donc Tokio telle qu'elle se présente à nous, et cherchons par quoi elle peut nous intéresser. Comme toute ville japonaise, elle n'a point connu de forte existence civique, ni de ces nobles ambitions individuelles qui poussaient ailleurs un homme, un municipe, une communauté, une gilde à

VUE GÉNÉRALE DE TOKIO

VISITE ENTRE JAPONAISES

laisser derrière eux un monument durable dans la cité à laquelle
ils avaient été fiers d'appartenir. Dans la cité japonaise tout
semble avoir été nivelé ; il n'était pas permis à une tête de
dépasser les autres. Les maisons paraissent toutes semblables ;
de la rue rien ne les distingue à l'attention, que ce soit celle
du riche ou celle du pauvre. Dans les premières, les pièces
pourront être un peu plus vastes, les bois de construction ou
de décoration plus choisis, d'essences plus rares, de travail
plus soigné, les nattes plus finement tressées de belles pailles :
l'aspect extérieur en sera tout aussi humble, et l'entrée tout aussi
modeste. Pas l'ombre d'un monument public, pas un Hôtel de
Ville. pas un Palais de Justice qui, dans nos vieilles cités d'Occident, sont les centres auprès desquels une communauté déve-
loppait ses institutions. Seul, le prince édifiait un château fort,
parfois un temple plus spécialement funéraire, mais préférait
en choisir l'emplacement loin de l'enceinte des villes, comme à
Kunozan ou à Nikko.

C'est pourquoi une ville japonaise est extrêmement monotone, et on peut dire sans caractère individuel, si ce n'est celui
que lui donne sa situation au bord d'un beau fleuve comme la
Sumida à Tokio, et la Yodogawa à Osaka, ou dans l'encadrement de ses belles collines vêtues de forêts, comme est Kyoto.
Les rues y sont toutes semblables, et l'on roule interminable-
ment entre deux rangées de maisonnettes basses, serrées les
unes contre les autres, et dont les boutiques, largement
ouvertes, laissent apercevoir la succession des chambres se
commandant toutes, jusqu'à la dernière, et sans le moindre
meuble qui les encombre. Durant la nuit, elles sont fermées
par des volets pleins et, durant les jours froids de l'Hiver,
par des châssis glissières ajourés de petits carreaux de papier

transparent. Des panneaux de bois laqué portant des inscriptions en caractères dorés pendent perpendiculairement aux devantures, de façon que, de quelque sens que l'on vienne, on puisse lire les annonces de publicité qu'ils portent. Les maisons sont rarement surélevées d'un étage, et leurs toitures, dont les formes ont cette beauté de lignes incurvées propres à tout l'Extrême-Orient, comportent un revêtement de tuiles grises légèrement émaillées en mat, qui offrent l'apparence d'être fondues en plomb. Presque toutes ont, en arrière, un petit jardin avec quelques arbres nains, une vasque et quelques vieilles pierres.

Entrez dans cent maisons, il semble que vous visitez toujours la même. Sous le grand auvent d'une petite cour vous quittez vos socques de bois ou vos souliers pollués par la boue ou la poussière de la rue. Surélevée de deux marches, vous trouvez une petite antichambre pour y laisser votre manteau et votre chapeau. Dans les belles demeures, il se peut qu'un grand écran décoré d'une peinture décorative, quelquefois sur fond d'or, cache du dehors l'entrée de la première pièce. Toutes celles où vous pénétrez ont des nattes d'une extrême élasticité, jointoyées par de larges tresses d'étoffes et tendues sur les parquets ; quand elles sont neuves, elles dégagent dans les appartements une odeur de miel. Ces pièces communiquent toutes entre elles par des panneaux glissant parallèlement l'un à l'autre, et tendus de grandes feuilles de fort papier blanc mat. Ils sont décorés dans les riches demeures, dans les palais ou dans les temples, de superbes compositions peintes à la gouache et à l'aquarelle, auxquelles ont souvent collaboré les plus grands peintres : ce sont les *fusumas*. Des panneaux semblables dissimulent le long des murs des sortes de placards

PARAVENT GOUACHÉ SUR FOND ARGENTÉ,
XVIIe-XVIIIe SIÈCLES.

où l'on range pendant le jour le matelas et les couvertures, qu'on étendra le soir sur les *tatamis* pour la nuit. Un renfoncement, en forme d'alcôve, qu'on nomme *tokonoma*, surélevé d'une marche basse, est réservé au *kakemono* suspendu au mur du fond, et au vase, où sont disposées avec un art secret quelques tiges de fleurs ou quelques branches ; ce sont les seuls objets de décoration mobile que comporte la maison japonaise, où ne se rencontrent ni sièges ni tables. Dans une pièce centrale, communiquant directement avec la cuisine qui se trouve en contre-bas, au niveau du sol, se trouvent quelques coffres ornés de ferrures où sont rangés dans des tiroirs les vêtements, et une petite table basse pour écrire. C'est là que se passe la vie de la femme japonaise ; elle est assise devant sa petite table, à côté de son brasero, sur le rebord duquel elle frappe d'un coup sec sa pipette en argent pour en faire tomber la cendre après en avoir aspiré deux bouffées d'un tabac blond fin comme des cheveux. Elle voit de là tout ce qui se passe dans la maison, et cause avec les servantes sur le ton de la plus parfaite familiarité.

Quelques maisons renferment un réduit intérieur, le *kura*, plus ou moins vaste, que les quatre murs, d'épaisse maçonnerie, et la lourde porte métallique mettent à l'abri de l'incendie. On y tient enfermés les objets les plus précieux, les kakemonos, les laques, les poteries pour les cérémonies du thé.

Et cependant, derrière cette uniformité de la maison japonaise, où ne semble pas se révéler comme chez nous, dans l'arrangement d'une maison ou d'un appartement, la recherche de goût, la personnalité de l'occupant, vous arrivez à découvrir des nuances, mais si subtiles, comme tout l'est au Japon. C'est d'abord dans les bois de la charpente, choisis dans les plus

belles essences d'arbres, sans un défaut, et où l'on a ménagé
aux nœuds ou aux veines leur maximum d'effets de couleur
ou de dessin. C'est dans les bois de la menuiserie, que ne voile
jamais l'atroce peinture de l'Occident, à laquelle l'artisan a laissé
toute la fraîche finesse de sa matière, dont il a d'un outil souple
adouci les angles, et sa recherche a fait jouer les ombres et
les lumières sur des moulures que la main peut caresser avec
volupté comme un épiderme. C'est dans les plafonds divisés
en gracieux caissons au moyen d'un jeu de bandeaux laqués,
ou de lattes plates de roseaux entrelacés comme dans une
vannerie. C'est dans les impostes des cloisons intérieures
parfois ajourées de beaux panneaux de bois où volent des
oiseaux de paradis, où nagent des canards mandarins parmi
les lotus d'un étang, où se redresse la carpe sur le volute du
flot. C'est dans la couleur si fine, si délicate de toute l'ambiance,
la finesse grise des bois, la fauve couleur des tatamis, le sombre
éclat d'un beau revêtement de laque sur lequel tranche l'or
mat d'une fine ferrure ciselée. Comment exprimer la douceur
incomparable, le beau rêve où vous entraînent un Motonobou,
un Soami, dans des paysages où s'accordent les noirs veloutés
et les gris suaves, dans ces suites de fusumas dont les vastes
compositions sont dans le domaine décoratif des sommets,
au même titre que les fresques italiennes ou les tapisseries de
la Flandre et de la France ?

Et cependant se peut-il que l'évolution moderne transforme
aussi la maison japonaise, si délicate, si fraîche d'aspect, si
bien adaptée aux besoins de ce peuple peu exigeant ? A certains indices, on le pourrait craindre. Il n'est pas de personnage
officiel qui n'ait actuellement deux demeures contiguës, l'une
japonaise où il vit, l'autre mi-européenne où il reçoit. Et cette

dernière, chose curieuse, est meublée, avec la plus complète
absence de goût, des vieux meubles d'acajou du temps de
Louis-Philippe ou de Napoléon III, dont ont trouvé avanta-
geusement à se défaire les tapissiers de l'Europe. Il semble
qu'il y ait eu là, de la part de ces Japonais, une concession
au progrès, à ce progrès dont, par un acte de volonté, ils
veulent suivre la marche, mais dont, au fond, ils méprisent les
aspects ; d'ailleurs, pour rien au monde, ils ne voudraient y
apporter un instant de recherche personnelle ni d'attention.
C'est un peu la même tournure d'esprit qui faisait que l'un
d'eux, dans le restaurant d'un hôtel européen, imitait les
étrangers, en prenant comme eux du beurre ; il faisait une gri-
mace horrible : « Vous trouvez cela bon, le beurre ? » — « Mais,
lui répondait-on, ce que vous prenez là pour du beurre n'est
que de l'infâme margarine. » Il se forçait à la manger quand
même, pour avoir l'air d'un homme dans le mouvement. Que
ne leur ferait-on faire en s'adressant à leur amour-propre !
Et, si le mobilier européen ne peut leur être épargné, ne se
trouvera-t-il pas parmi eux quelques architectes-décorateurs
pour chercher des formes de meubles, tables, chaises, fauteuils, divans, tapis, qui s'accordent avec les proportions, les
formes et les couleurs de la maison japonaise ?

Un immense palais s'est construit sur les collines d'Akasaka,
il est destiné au prince impérial. A grands frais, un petit chemin
de fer spécial y amèna les pierres et les marbres les plus rares ;
des milliers d'ouvriers s'y sont employés. M. Katayama, un
architecte fort savant, qui passa par notre Ecole des Beaux-Arts,
en arrêta les plans et en poursuivit les travaux. Le style général
(et c'est un hommage à la France) est celui des grands palais
de Versailles. Une grande part de la décoration intérieure a

été suggérée ou même fournie par les deux grandes maisons
de décoration du Paris d'alors, Fourdinois et Hœntschell. Cela est
fort beau, et cependant l'on ne peut s'empêcher de le déplorer.
Ce pays ne pouvait-il s'épargner l'intrusion d'un style étranger
aussi disparate, lui qui possède une architecture de palais aussi
belle que celle du *Nijo* ou du *Nishi Honganji* de Kyoto.

Une fois dehors, il faut décidément renoncer à trouver du
pittoresque dans l'aspect extérieur des maisons, si ce n'est
dans quelques vieux palais de Daïmios, séparés de la rue par
une grande cour que précède un énorme portail de très noble
allure. Sa toiture compliquée, retroussée aux angles, menace le
ciel de leurs crochets, et ses lourdes portes pleines sont garnies
de solides pentures.

Les vieux quartiers sont amusants avec le réseau de leurs
canaux, artères de ce grand organisme, sur lesquels surplom-
bent les galeries des pauvres maisons sur pilotis. Le Nihom-
bashi, « Pont du Soleil levant », est le vrai centre commercial
de Tokio ; c'était le point de départ du Tokaïdo, la route
impériale, et on le voit représenté à la première page des
cinquante-trois vues du Tokaïdo par Hiroshighé. Là, du moins,
l'imprévu des tournants, la forme charmante des ponts de
bois sur chevalets, l'activité des chalands et des barques qui
sans cesse circulent entre la Sumida et la ville, apportent le
mouvement et la vie et créent le pittoresque à tous les instants.
Cette Sumida elle-même, très large dans sa traversée de la
ville, et que sillonnent les grandes barques lourdement chargées,
aux belles voilures, et les trains de radeaux que mènent les
bateliers au moyen de grandes perches de bambous sur lesquelles ils s'arc-boutent de l'épaule en suivant le bord, a perdu
un peu de son caractère, depuis qu'on y jeta des ponts de fer.

Outamaro, *Hiroshighé*, *Toyokouni* l'ont immortalisée dans ces belles compositions de fêtes de nuit et de feux d'artifice, auxquelles venaient assister les femmes et les enfants avec des lanternes de papier au bout de rotins de bambou.

Ce qui est délicieux dans ce Japon, c'est que, pour ce qui est des aspects de la vie, rien n'a changé et qu'à certains soirs, où des fêtes semblables ont encore lieu, on pourrait se croire transporté cent années en arrière. Et c'est toujours avec le même entrain que la foule se porte, en avril, sur la rive de *Mukojima*, pour y admirer la floraison des cerisiers dans la fameuse avenue qui borde le fleuve ; ce ne sont, pendant plusieurs kilomètres, que petits tréteaux bas recouverts de nattes, où l'on s'assied pour boire le *saké* en levant la tête vers les arbres tout en fleurs qui neigent autour de vous.

La rue même, toute animée qu'elle soit d'une population active, n'a point cette couleur qu'elle présente dans les villes de notre Orient méditerranéen : elle est beaucoup moins bruyante, car, même dans les plus basses classes, le Japonais a une tenue qu'on ne saurait rencontrer chez aucun autre peuple de la terre, et il est très rare qu'on y assiste à des querelles ou à des bagarres, comme dans les villes chinoises. Les maisons, comme les costumes, y ont ces couleurs neutres, du gris au bleu, qui s'accordent d'ailleurs avec la lumière diffuse et le climat le plus incertain du monde. — La gaieté y est donnée par les innombrables oriflammes qui flottent au-dessus des rues, et par les lanternes de papier rouge imprimé de beaux caractères noirs, que chaque maison tient accrochées à son pignon à toutes les fêtes de l'année ; et, dans ce Japon si épris d'amusements, elles se succèdent presque sans interruption.

Les artisans travaillent, on peut dire, en plein vent, la maison japonaise ne cachant rien de sa vie intime, et tous les métiers y ont cette simplicité antique que commence à détruire l'industrialisme des grandes cités, comme Nagoya ou Osaka. — Les petites industries du bois, de la vannerie, du cuir, de l'impression sur étoffes ou sur papiers, s'y exercent sous les yeux des passants avec une adresse incomparable. Le colporteur y passe en criant gare, portant sa charge dans deux couffins suspendus à chaque extrémité d'un long rotin de bambou posé en transversale sur une épaule, et qui fait ainsi assez bien l'office d'un fléau de balance. Les gens sont très lents à se garer ; ils ont toujours l'air de rêver en marchant à petits pas pressés, le kimono croisé devant les jambes qui les engaine ; les *gétas* ou socques montés sur deux hauts patins de bois, ou les sandales fixées par une patte entre le pouce et l'index, leur interdisant une marche plus accélérée. Ils ont toujours ainsi la démarche traînante et ballante de canards qui vont à la rivière ; ce qui n'empêche pas la Japonaise, avec ses jolis vêtements de soie ou de crêpon, son beau manteau marqué au dos et au bras du « nom » armorial de la famille, son petit col de taffetas décoré qui apporte une note plus vive au collet de son kimono, son bel *obi* de soie forte, luxe de sa toilette, où se manifeste sa fantaisie dans le choix d'un beau décor et d'une jolie nuance, et qui lui fait un gros nœud proéminent au-dessus des reins, ses belles chaussettes rembourrées en coton blanc immaculé, et sa coiffure si soignée, lissée d'huile de camélia, luisante comme un beau laque, — d'être un être d'un charme incomparable.

Dans cette rue sans trottoirs et sans pavés, que les pluies fréquentes défoncent, les voitures attelées de chevaux sont

infiniment rares : elles sont réservées aux membres des léga-
tions étrangères, ou à quelques personnages importants. Elles
sont d'ailleurs parfaitement grotesques, attelées de ces petits
chevaux du pays, au poil réfractaire, à la crinière en bataille,
à l'œil mauvais, toujours de méchante humeur, et conduites
par des cochers, à la livrée invraisemblable, coiffés d'une sorte
de champignon couvert d'une cotonnade éclatante quand il
fait beau, ou d'une toile cirée quand il pleut. Auprès du cocher,
une sorte de groom est toujours prêt aux croisements de voies
à sauter à bas du siège sans ralentir l'allure et à galoper devant
les chevaux ; il marque un plaisir visible à user de l'autorité
qui lui est conférée d'arrêter les tramways électriques, qui
doivent céder le pas à la voiture attelée, et à rebondir ensuite
d'un élan simiesque sur le siège.

Mais d'ailleurs aujourd'hui la voiture à chevaux est désuète,
remplacée par l'automobile.

La vraie voiture, celle dont on ne saurait se passer dans ces
villes d'une étendue immense, encore mal pourvues de moyens
de transport mécaniques, c'est la *djiarikisha*. Bien que les avis
soient sur ce point partagés, il semble qu'elle ait été inventée
par un certain Américain « Goble » vers 1867, pour remplacer
le palanquin, dont on avait usé comme en Chine jusqu'alors.

C'est un petit tilbury, sur deux roues élevées, muni d'une
capote, dans lequel une seule personne peut tenir (bien qu'il
en existe quelques-uns plus larges à deux places) et auquel
s'attelle un coureur qui peut vous traîner pendant des heures
de son trot régulier à travers la ville, sans qu'il semble éprouver
à l'arrêt de l'essoufflement. Il est légèrement vêtu d'une culotte
courte et d'une veste de cotonnade bleue. Les jambes nues,
aux mollets fortement musclés, ont la beauté de ligne des

jambes de coureurs antiques. La patience, le courage et la résignation de ces coureurs sont infiniment touchants et pitoyables ; sous le soleil qui les cuit, ou sous la pluie qui dégoutte sur leur cape cirée, la sueur ruisselle de leurs corps ; dans la nuit pluvieuse et moite, dans les interminables parcours de la ville mal éclairée, ils vont, leurs lanternes accrochées aux brancards comme autant de lucioles aux vives couleurs, pataugeant dans les flaques d'eau dont la boue gicle à leurs cuisses, et ils s'estimaient parfaitement heureux il y a vingt ans quand, à la fin de la journée, ils avaient gagné 1 *yen*.

CHAPITRE II

LES MONUMENTS DE TOKIO

RARETÉ DES MONUMENTS ANCIENS DE TOKIO. — LES TEMPLES
DE SHIBA ET LES TOMBEAUX DES SHOGUNS TOKOUGAWA. —
LE TEMPLE DE UENO. — LE TEMPLE D'ASAKUSA. — LE PALAIS
IMPÉRIAL ET SES MURAILLES.

Tokio est exceptionnellement pauvre en monuments intéressants, et n'en possède aucun qui soit antérieur à la dynastie
des Shôguns Tokougawa. Mais, si les temples de Shiba et de
Ueno renferment les tombeaux de quelques-uns d'entre eux,
c'est à Nikko que sont les mausolées du fondateur de la dynastie
Teyasu, et de son petit-fils Yemitsu, et ce sont les monuments
de Nikko qui, par leur architecture et leur richesse décorative,
laissent au visiteur la plus profonde impression.

Shiba, malgré sa relative ancienneté (1596), n'a même pas
échappé aux ravages de l'incendie du 1ᵉʳ janvier 1874, qui
détruisit le temple principal. Son magnifique portail a pu heureusement être épargné. Comme tous les temples au Japon,
Shiba n'est pas un monument, mais un ensemble infiniment
complexe de monuments, qui sont venus successivement
s'agglomérer les uns aux autres. C'est ce qui fait qu'il est très

difficile de juger un monument japonais du point de vue occidental, habitués que nous sommes à considérer un temple antique, une basilique ou une cathédrale comme un tout harmonieux, avec le juste équilibre de ses proportions et l'harmonie de ses lignes. Un temple japonais peut ne pas être dépourvu de ces qualités essentielles, mais l'œil ne peut facilement les percevoir dans la complication des éléments adventices qui sont venus par la suite s'y greffer.

Il peut se faire aussi que l'abondance de ces monuments produise une très forte impression par leur nombre même, la richesse de leurs aspects et la beauté des sites où on les rencontre. Ici, la Nature collabore toujours avec l'Art, et l'on n'oublie jamais les gradins sacrés successifs de Nikko, la belle enceinte de Shiba, la grande paix des retraites de Kyoto, l'ombre émouvante des arbres gigantesques qui abritent ces asiles de piété, les immenses allées triomphales et funéraires, ces forêts sacrées que ne trouble aucun vain bruit.

On peut, si l'on veut, considérer que les temples de Shiba comprennent trois parties principales :

La première renferme les tombeaux des 7ᵉ et 9ᵉ *Shôguns Tokougawa* ; l'on pénètre par la porte Niten Mon, puis par une autre, Choku-Gaku Mon, grands portails de bois sculpté peints en rouge ou dorés, que séparent de vastes cours ornées de grandes lanternes de bronze sur pieds offertes par les Daïmios à la mémoire du Shôgun, puis enfin par une troisième et dernière porte, Okara Mon, d'où part une longue galerie décorée de magnifiques panneaux sculptés de fleurs et d'oiseaux, donnant accès au temple même.

La seconde, qui lui est contiguë, où l'on pénètre par le superbe portail principal *Sammon*, laqué de rouge, construit

LES MURAILLES DU PALAIS IMPÉRIAL A TOKIO

L'ALLÉE DES LANTERNES DE PIERRE DU TEMPLE D'UENO A TOKIO

en 1623, et qui, ayant pu heureusement échapper à l'incendie, est le seul vestige de la première construction, présente des dispositions de cours et de portails successifs à peu près analogues à la première, et renferme les tombeaux des 6e, 12e et 14e *Shôguns*. Ici, tout semble plus somptueux encore ; les laques et les ors sont plus profonds, les sculptures plus soignées, les plafonds plus merveilleux, par suite de l'intérêt tout particulier qu'avait pris le 6e Sjôgun à décorer son mausolée. — La grande salle où l'on accède par quelques marches a son splendide plafond à caissons peints et laqués, soutenu par des consoles peintes de dragons, et ses légères frises murales de bois sont sculptées en fort relief de fleurs et d'oiseaux au-dessus des six grands panneaux décorés sur fond d'or par Kano Yasunobou de tigres et de monstres. Les trois murs extérieurs sont garnis de cloisons-glissières ajourées de carreaux de papier. Au fond de la salle, une grande baie laisse apercevoir, au delà d'une salle centrale plus basse de quelques marches où se trouve l'autel pour les vases sacrés et les offrandes, le mausolée lui-même, où se trouve le tombeau du Shôgun. Un couloir latéral accédant à la cour coupe cette petite salle centrale et permettait ainsi aux Shôguns de venir prier aux tombeaux de leurs ancêtres sans franchir les grandes portes et les cours. — Puis, derrière le monument principal, des escaliers successifs permettent d'accéder à d'autres monuments plus petits, jusqu'au mausolée du même 6e Shôgun, qu'il a voulu plus lointain, plus difficile d'accès encore, plus solitaire et plus austère. C'est une petite cour entourée d'un mur bas, fermée d'une grille de fer, et au centre de laquelle s'élève une petite pagode de bronze surélevée sur quelques degrés de pierre.

Un peu en arrière du temple principal de Zojoji, est un

petit temple d'une aussi riche décoration, qu'on nomme
Gokoku-den, où se trouve le trésor des Tokougawa ; autour
de l'autel qui occupe le centre, sont exposées leurs armes :
eux-mêmes couverts de leurs armures sont assis, trois de
chaque côté ; dans des armoires sont encore visibles les choses
qui leur ont appartenu, des coupes de bronze, des poteries,
des monnaies, quelques reliquaires avec des statuettes bouddhiques.

La troisième partie des temples de Shiba, ou l'on passe
ensuite et qui est contigue au Gokoku-den, est le Ten-ei-in,
les mausolées des 2ᵉ, 5ᵉ, 10ᵉ et 11ᵉ *Shôguns*. C'est surtout le
Taito-kouin, le mausolée du 2ᵉ Tokougawa, qui est très
intéressant, car il est antérieur de dix-sept ans aux monuments
de Nikko. C'est un des beaux exemples d'architecture de
l'époque de Tokougawa. Les proportions des salles, les grosses
colonnes de bois laqué noir de la première, les énormes piliers
laqués d'or reliés entre eux par de grosses traverses de la seconde
salle, et sa grande élévation relative en font quelque chose de
très saisissant. Le mausolée même est un peu en arrière, et
consiste en un petit monument octogonal ; au centre, sur un
lotus de pierre, est posé le grand reliquaire funéraire, octogonal lui aussi, décoré de panneaux de laque d'or d'un admirable travail, sur lesquels sont représentés les huit vues légen-
daires de Siaô-Siang en Chine et du lac Biwa au Japon.

Le temple de Ueno est à l'autre extrémité de la ville, au
milieu d'un vieux parc merveilleux que borde en contre-bas
un grand étang encombré de lotus, le *Shinobazuno Ike*. Ils sont
en pleine floraison au mois d'août, et la foule se porte alors
dans tous les restaurants qui se sont installés sur ses bords,
ou sur la bordure du parc qui le domine. Sur une petite

péninsule, qui avance dans le lac par un étroit pédoncule, site
vraiment délicieux, s'élève un petit temple à la *déesse Benten*.
A quelques centaines de mètres plus loin, sur le grand plateau
où s'étend le parc, une belle avenue de cryptomérias, bordée
de grosses lanternes de pierre qu offrirent, en 1651, les Daïmios
à la mémoire de *Yeyasu*, mène au temple, que précède une
splendide porte de bois peint et sculpté. Ces larges avenues de
lanternes de pierre font souvent aux temples du Japon ces
mêmes voies d'accès triomphales que faisaient aux hypogées
égyptiennes les grandes avenues de sphinx. Le temple, dont
toute la décoration est très soignée, rappelle beaucoup ceux
de Shiba. Une vieille pagode s'élève très près de là au milieu
des grands arbres, — et très près aussi sont les tombeaux de
six Shôguns, d'une richesse et d'une splendeur qui ne le
cèdent en rien à ceux de Shiba.

Ces temples de Shiba et de Ueno sont infiniment vénérés,
et certaines dates de l'année y ramènent des foules de pèlerins.
Mais leur éloignement du centre de la ville en fait, en temps
ordinaire, des asiles solitaires, que troublent seuls les cris
taciturnes des corbeaux. Le temple d'Asakusa, au contraire,
dédié à la *déesse Kwannon*, en plein centre populeux de la cité,
est un lieu de prières plus fréquenté : on dit bien qu'il y eut
là un sanctuaire infiniment ancien, mais dont rien n'est resté
depuis que Yémitsu y édifia le présent monument. Celui-ci
est indépendant de tout édifice adventice ; c'est une immense
salle, surélevée d'une dizaine de degrés au-dessus du sol,
entourée d'un grand portique. A l'intérieur, la toiture est
supportée par plusieurs rangées de très hautes colonnes de
bois, et l'œil s'étonne de voir suspendus aux plafonds un si
grand nombre de lanternes de papier et de grands écriteaux

peints de sujets très variés. Une barrière interdit l'accès du
sanctuaire, où de hauts autels portent d'énormes brûle-
parfums de bronze, des lampes, des vases à fleurs, des coupes
à fruits, et au fond le grand reliquaire où repose l'image même
de Kwannon. Et tout autour de ce temple populaire, où afflue
à toute heure du jour la foule animée, se sont installées les
boutiques des marchands. C'est un lieu bruyant de kermesse
ou de foire.

Il existe, dans Tokio, une multitude de temples ; chaque
quartier a les siens, que fréquentent ses fidèles. Il en est
d'autres un peu plus éloignés, où l'on se rend à certaines époques de l'année, telle que Mukojima, sur l'autre rive de la
Sumida, non loin de la fameuse avenue des Cerisiers. Mais,
dans ce cas, le vrai motif du pèlerinage est la floraison des
arbres printaniers, la joie d'aller en grandes foules boire le
saké, et se divertir à l'occasion d'une des jolies fêtes fleuries
de l'année.

Une des plus belles choses de Tokio, celle à laquelle on ne
se lasse pas de revenir, ce sont les *murailles du Palais impérial*.
Du Palais, en lui-même, on n'en saurait rien dire, car il est
pour ainsi dire impossible d'y pénétrer, les représentants
officiels des gouvernements étrangers n'ayant jamais dû franchir le salon de réception où ils étaient admis. Il vit là très mystérieux, le souverain de l'Empire du Soleil levant, qui, pendant
tant de siècles, isolé de son peuple, avait, à ses yeux, la double
qualité impériale et divine. Tant d'événements récents depuis
un demi-siècle ont dû l'obliger à sortir de l'ombre où il vivait
des jours monotones, que sa figure est devenue à son peuple
plus familière, sans qu'on ait jamais pu savoir quel rôle personnel il avait pu jouer dans cette extraordinaire évolution.

Et cependant sa demeure est restée mystérieuse et inviolée, et il y remonte comme en un Olympe. Cette énigmatique de-demeure provoque la curiosité, et l'on suppose aux grands jardins qui s'étendent en haut de ces immenses murailles, au milieu du parc Hibiya où s'élèvent les ministères, des aspects enchanteurs qu'ils n'ont peut-être pas.

Ces murs sont admirables ; leur enceinte continue, que brisent à tout instant de grands éperons qui leur impriment de nouvelles directions, dresse au-dessus de larges fossés remplis d'eau leurs grandes murailles talutées faites de gros blocs de pierre non jointoyées. On se trouve là devant un appareil pro-prement cylopéen, et tout particulièrement dans les châteaux de Nagoya, d'Himeji ou de Osaka, la générosité des Daïmios qui y collaboraient y fit un apport de blocs si formidables, arrachés aux montagnes les plus lointaines, qu'on reste confondu d'admiration devant la somme de travail et d'ef-forts exigés des équipes d'ouvriers qui les amenèrent à pied d'œuvre. Jusqu'aux temps les plus modernes, ces murailles constituèrent des défenses formidables, le Japon étant demeuré jusqu'à nos jours dans l'ignorance heureuse de notre artillerie. Et, jusqu'aux jours où leur respect pour le passé leur interdira de démanteler ces belles murailles, elles continueront à dresser au milieu de la ville les fières silhouettes de leurs lignes de granit. Des pavillons de pierre tout crépis à la chaux héris-sent leurs toitures retroussées comme les moustaches d'un chat en fureur aux angles mêmes où d'étroites poternes per-mettent l'entrée du château ; et partout, sur les parapets, de beaux pins éternellement verts se penchent, prennent les directions horizontales les plus imprévues, les formes tordues les plus invraisemblables, et sont la fantaisie et le charme artistique de cette architecture simple et nue. Par les beaux jours ensoleillés, ils réfléchissent dans ces eaux mortes le caprice de leurs ramures tortueuses, et, par les nuits calmes de lune, alors que les lanternes des coureurs et les étoiles tremblent au miroir sombre et taciturne, ils tendent encore au-dessus des eaux de grands bras musculeux.

CHAPITRE III

NIKKO. - LES TEMPLES FUNÉRAIRES

Un proverbe japonais dit : « Ne prononcez pas le mot
« magnifique » avant d'avoir vu Nikko. »

C'est le site que les premiers Shôguns Tokougawa, au
XVIIᵉ siècle, choisirent pour y édifier leurs mausolées, en une
splendide région montagneuse et forestière, à laquelle on
accède maintenant de Tokio en cinq heures de chemin de fer.

Il n'est peut-être pas d'endroit au monde où l'Art, la Nature
et la Foi aient plus intimement collaboré pour des fins plus
harmonieuses ; et ici la Nature est la grande souveraine dont
l'éternelle splendeur s'impose magnifiquement. Où pourrait-
on rencontrer de plus beaux arbres sur la terre, dont les gigantesques dimensions s'accordent avec tant de noblesse de port,
tant de pureté de formes, un si complet épanouissement de
leurs ramures, et dont les immenses avenues semblent mener
à l'infini ? Tant d'air circule sous les voûtes énormes de leurs
futaies que la fraîche végétation des arbustes et des mousses,

entretenue par une humidité constante, y persiste à tous les moments de l'année. Et ces splendides allées, dont les doubles colonnades fuient, se croisent ou s'échelonnent par gradins, en suivant le mouvement des larges escaliers, font aux lieux de prières de triomphales voies d'accès, où s'évoquent les beaux cortèges de jadis, brillants et fastueux, où processionnent les innombrables troupes de pèlerins d'aujourd'hui.

C'est sous ces émouvantes impressions de nature qu'on marche vers les temples, sous la lumière verte que versent les hautes frondaisons, dans le silence auguste que ne trouble aucun chant d'oiseau.

Aucune vue perspective, aucun recul ne vous permettent d'en concevoir une idée d'ensemble claire et nette ; et c'est seulement quand vous vous trouvez au bas du premier gradin qui les porte que vous vous sentez impressionné par la multiplicité, la grandeur et la richesse des monuments qui se trouvent devant vous.

Une étrange dissymétrie a présidé à leur plan ; aucun axe central n'en commande les accès et les communications ; les cours s'étagent sans que leurs grands portails aient cherché à se prêter les uns aux autres une beauté de perspective qu'aucun autre art n'aurait négligé. C'est une constante fantaisie qui confine au caprice, qui semble n'obéir à aucune loi logique, et qui cependant, malgré tout, avec les merveilleux éléments qu'elle met en œuvre, a créé de la pure Beauté.

Bien que les légendes et les traditions nous révèlent qu'un *temple Shintô* exista à Nikko dès les premiers âges, qu'un temple bouddhiste y fut construit à la fin du VIIIe siècle, et que Kobo-Daishi, le saint le plus vénéré du Japon, y vint au commencement du IXe siècle, c'est vraiment du XVIIe siècle

LE TEMPLE DE SHIBA A TOKIO

PANNEAU DE BOIS SCULPTÉ
A L'INTÉRIEUR DU TEMPLE DE NIKKO, XVIIe SIÈCLE

PANNEAUX EN BOIS SCULPTÉ DE LA CLOTURE EXTÉRIEURE
DU TEMPLE DE NIKKO, XVIIe SIÈCLE

que date la réelle importance de Nikko, quand le second
Shôgun de la dynastie des Tokougawa, pour obéir aux vœux
de son père Yeyasu, envoya deux officiers à Nikko pour y choisir
l'emplacement du mausolée qui recevrait les restes du *grand
Shôgun*, momentanément déposés au monastère de Kunozan,
près de Shizuoka, sur le Tokaïdo. Sans tarder, en décembre 1616, les travaux étaient commencés, et, au mois de
mai 1617, le cortège qui était allé chercher le corps de Yeyasu,
à Kunozan, faisait son entrée processionnelle dans les grandes
allées de cryptomérias de Nikko, après avoir franchi le tumultueux torrent du Daiya-Gawa, sur le pont laqué rouge avec
ses ferrures dorées et ciselées, qu'on nomme Mihashi, à l'endroit même où le très saint prêtre Shôdo-Shonin avait traversé
la rivière pour la première fois. Puis le beau pont ne devait
plus livrer passage qu'au Shôgun en personne, ou aux grandes
foules de fidèles qui, deux fois l'an, venaient à Nikko en pèlerinage. Sa courbe fière et élégante, la richesse de ses laques
rouges enrichies de ferrures d'or s'enchâssent toujours dans
le sévère écrin des forêts vertes qui l'environnent.

Au bout de la grande avenue des gigantesques cryptomérias, s'élève un grand Torii de granit ; c'est un des éléments
essentiels de l'architecture des peuples de l'Extrême-Orient.
Bien que la chose prête à controverses, il est probable qu'on en
retrouverait l'origine dans les monuments de l'Inde : on le
rencontre au Japon dans les premiers temples Shinto, où se
célébraient les rites de la première religion indigène avant l'introduction du Bouddhisme. Destiné à recevoir les offrandes
en nature aux dieux, il perdit avec le Bouddhisme sa signification première, et, sous la forme d'une grande arche de pierre
ou de bois peint en rouge, dont les deux grands montants

verticaux sont reliés par deux traverses horizontales superposées et légèrement relevées aux extrémités, il fit l'office de
grand portail d'entrée, auquel on devait accrocher les tablettes
à inscriptions. — A gauche, s'élève une grande pagode, dont
les cinq étages comportent chacun un joli toit quadrangulaire,
aux bords et aux angles légèrement incurvés ; et, à droite, un
édifice où serait déposée l'image de Yeyasu au cas où le mausolée subirait une restauration. Un chemin dallé conduit à
une porte que gardent les *Niĉo*, les deux rois de gigantesque
stature qui, dans des loggias couvertes et grillées pour les
abriter de l'outrage des oiseaux, dans des attitudes terribles
et menaçantes, roulant des yeux de fureur, les bouches tordues
de colère, les mains révulsées et les pieds crispés, semblent
épouvanter les fidèles plutôt qu'ils ne les accueillent. Les
piliers de cette première porte sont déjà richement sculptés
de lions, de licornes, de bêtes fabuleuses, de tigres et de paons.

Elle donne accès dans une première cour, premier gradin
de ce fabuleux étagement de monuments qu'est Nikko, entourée
d'un mur peint de rouge vif et renfermant trois édicules
contenant les objets vénérés ayant appartenu à Yeyasu, ou
servant aux cérémonies du culte. Au pied d'un arbre magnifique est une petite construction abritant un cheval constamment harnaché, dont la tête est tournée vers l'extérieur,
et qui reçoit, dans une auge fermant l'ouverture de la porte,
les grains et les pains que lui offrent les pèlerins. C'est la
monture du Dieu, qui doit être toujours prête pour les fantaisies de ses chevauchées. Non loin d'une citerne d'eau bénite,
faite d'un énorme quartier de granit, est une construction où
sont conservées les Ecritures Saintes bouddhiques.

Une série de marches donnent accès à la seconde cour,

ALLÉE DE CRIPTOMÉRIAS DU TEMPLE DE NIKKO

LE PONT SACRÉ EN BOIS LAQUÉ ROUGE
MENANT AU TEMPLE DE NIKKO

qu'enclôt une longue balustrade de pierre. A droite, une tour renferme la grosse cloche que fait résonner une énorme poutrelle qui la frappe horizontalement comme un bélier, et un énorme candélabre de bronze ; à gauche, une grande lanterne de bronze envoyée de Corée, un candélabre offert par les Hollandais, la tour renfermant le Tambour sacré ; de tous côtés, s'élèvent de belles lanternes de bronze, posées sur de hauts pieds, au nombre de cent dix-huit, et qui furent offertes par de nombreux Daïmios. A l'une des extrémités de cette seconde terrasse, s'élève un splendide temple dit de Yakushi, le saint patron de Yeyasu, tout resplendissant de laques noirs et rouges, et au fond apparaît une porte, merveille de proportion et d'ornementation, qui, par quelques autres degrés, donne accès à la terrasse supérieure de la troisième cour.

Cette porte, qu'on appelle Yomei-Mon, est une merveille d'architecture et de sculpture de bois ; ses battants sont décorés de médaillons d'oiseaux de proie et d'oiseaux d'eau. Les deux colonnes, d'une si heureuse proportion, qui ont conservé très usée la douce patine claire de peinture blanche qui les recouvrit jadis, portent sculptés, au milieu d'un fond de motifs géométriques et de fers à T, des médaillons avec des tigres dont le pelage a été obtenu par la réserve heureuse de splendides veines du bois ; leurs chapiteaux sont formés de têtes de licornes, et les architraves vigoureusement sculptées de dragons.

C'est dans cette troisième cour qu'évoluent les processions des prêtres dans certaines cérémonies. Elle renferme plusieurs édifices, l'un où se tiennent en permanence quelques petites danseuses pour l'exécution des *kaguras*, danses sacrées, en réponse aux aumônes des pèlerins ; un autre renfermant les

palanquins processionnels si pesants et si lourds que soixante-
dix hommes sont nécessaires pour les porter ; un autre encore
renfermant les reliques de Yeyasu. Au fond se dresse une dernière porte, dernier accès du grand temple lui-même. Cette
dernière cour, dans laquelle on est entré par cette porte exquise
et blanche dite Yomei-Mon, et d'où l'on sort par cette porte
merveilleuse resplendissante de laques d'or comme une porte
de paradis, est toute entière entourée, sur ses quatre côtés,
d'une clôture ineffable, toute ajourée d'un treillis d'or, avec
des bordures de motifs géométriques de couleur ; la face et le
revers de ce mur de rêve portent des panneaux de bois sculpté
en haut relief et doré de groupes d'oiseaux, saisis dans la variété
de leurs attitudes de repos ou de vol. C'est ici qu'on peut le
mieux étudier l'œuvre du célèbre sculpteur Hidari Jingoro,
qui décora avec tant de fantaisie et de goût les palais et les
temples des Tokougawa au début du XVIIe siècle. Ses deux
éléphants et son chat sommeillant sont fameux à Nikko. Les
deux piliers de cette extraordinaire porte de Karamon, faits
de bois rares importés de Chine, sont sculptés de dragons,
d'arbres à fruits et de bambous.

C'est la fin de cette lente ascension sacrée, où de degrés en
degrés, de terrasse en terrasse, sous les immenses arbres qui
dressent de tous côtés leurs gigantesques colonnades, dans le
grand recueillement et la grande paix qui tombent des hautes
ramures, on pénètre enfin dans le sanctuaire même, dans le
grand temple que l'on ne doit atteindre qu'après de longs
arrêts de prières, une lente initiation aux rites essentiels.

Vous gravissez encore un large escalier qui en occupe la
largeur totale, et vous voici dans l'immense salle, que de
minces cloisons mobiles décorées de terrifiants dragons peints

PORTE KARAMON, LAQUÉE DE BLANC
ET FERRURES DORÉES
DU TEMPLE DE NIKKO, XVIIe SIÈCLE

sur or peuvent séparer en trois chambres inégales. De splendides panneaux peints ou sculptés en décorent les murs ; ce
sont de grands lions ramassés et prêts à bondir, peints sur or,
de merveilleux phénix sculptés sur chêne, des aigles, ou des
anges volant au milieu de chrysanthèmes. Le plafond, à caissons sculptés, à l'imitation des plafonds des Palais des Ming
à Pékin, porte les armoiries des Tokougawa. Au centre et en
arrière de cette immense salle, quatre larges degrés permettent
de descendre en une chambre plus basse, où sont les autels,
et au fond de laquelle de nouveaux degrés aboutissent à une
longue grille, clôture des trois chambres mortuaires de
Yoritomo, de *Yeyasu* et de *Yemitsu*, où la somptueuse décoration des laques, des peintures sur fond d'or, des beaux plafonds, atteint son plus haut degré de splendeur.

C'est là que, par un privilège que votre générosité vous
confère, vous pouvez prétendre à pénétrer. Au son sec et dur
du tambourin, aux cris déchirants de la flûte, scandés par les
chants gutturaux, les hoquets et les spasmes glapissants des
récitants, un bonze est venu vous vêtir de la robe de soie verte
des cérémonies bouddhiques, dont une suprême générosité
vous rendra, si vous le désirez, possesseur. Vous devrez, à
partir de ce moment, suivre rigoureusement avec lui les pros-
ternements, les salutations front à terre dont il vous donnera
l'exemple. En frappant vos mains d'un claquement sec, vous
appellerez les esprits saints qui doivent vous assister ; vous
arriverez ainsi en rampant jusqu'aux tables d'offrande, où
vous boirez le vin sacré dans une coupe de terre blanche sans
cuisson, où personne autre ne trempera après vous ses lèvres,
et que vous devrez pieusement conserver ainsi que les gâteaux
ronds blancs, roses et bleus, qu'un gaufrier a préalablement

marqués du sceau des Tokougawa. Ainsi sanctifié par tant de rites pieux, vous pénétrerez enfin, tout courbé, dans les mausolées mêmes des Shôguns, ayant à la main une jolie lanterne de papier où se profileront leurs armes glorieuses, et vous admirerez ainsi qu'il convient les riches armes qui s'y trouvent déposées, les caisses remplies de splendides étoffes, les belles décorations murales, laques et ors.

Mais il ne faudrait pas croire que ces chambres vénérées renferment leurs dépouilles mêmes. Il faut continuer à gravir des escaliers, sous de longs portiques, suivre de vastes allées où l'on retrouve l'ombre des grands arbres, les mousses verdoyantes qui rongent les vieilles pierres, fouler les graminées qui disjoignent les dalles, aspergés au passage par toutes ces branchettes chargées d'eau ou de rosée, épanouissement d'une invraisemblable végétation entretenue par une saturation d'humidité unique au monde. Et l'on atteint ainsi de nouvelles terrasses solitaires au milieu des bois, enserrées par l'ombre épaisse des cryptomérias, entourées de petits murs de pierre grise, et au centre desquelles s'élèvent les grands reliquaires de bronze qui renferment les restes des grands Tokougawa, Yeyasu et Yemitsu. Leurs goûts fastueux et leurs joies raffinées de grands princes artistes vivront à Nikko éternellement, dans un des plus beaux décors de nature où une œuvre d'art ait jamais pu trouver à se réaliser.

CHAPITRE IV

KAMAKURA ET LE DAÏ-BUTSU

L'ANCIENNE KAMAKURA. — CE QUI EN SUBSISTE. — LE TEMPLE
D'HACHIMAN. — LE DAÏ-BUTSU.

C'est une des mélancolies des promenades du Japon que
la nature même de son architecture de bois, vouée à toutes les
destructions, celle du feu, celle de la désagrégation sous ce
climat pluvieux, dans ce sol humide, ait permis à si peu de
vestiges du passé de subsister. Qu'elles y sont rares, ces nobles
émotions, où l'Histoire et la Nature se mêlent, et qui vous
permettent, sur les rives du Nil, dans les déserts de la Mésopo-
tamie ou de la Syrie, dans les plaines de l'Anatolie, sur les
promontoirs rocheux de la Grèce et sur les plages de la Sicile,
d'évoquer tant de belles civilisations à jamais abolies, mais qui
revivent un instant dans un fût de colonne, le galbe d'un cha-
piteau, les solides assises d'une muraille, le fragment d'une
statue que l'imagination reconstitue aisément au gré de son
rêve ! Le Japon ne connaît pas la poésie des Ruines.

A quelques lieues de Yokohama, à l'une des premières
étapes de ce beau Tokaïde, que les longs cortèges de Daïmios
devaient suivre pour aller porter aux Shôguns leurs tributs

réguliers, s'étendait jadis une puissante cité, dont Yoritomo,
à la fin du XIIe siècle, avait fait sa capitale. Il venait d'organiser
le Shôgunat en 1192, et cette forme de gouvernement féodal
devait être la puissante armature du Japon jusqu'en 1868.
Cette cité de *Kamakura* prit en peu de temps une extension
prodigieuse ; on y compta plus d'un million d'habitants ; elle
fut le théâtre d'innombrables révolutions militaires ; le voi-
sinage d'Odawara, la puissante cité des Hôjo, la livra trop
souvent à leurs coups. Le typhon et le feu la dévastèrent
en 1455, puis en 1526 ; la fondation de Yedo en 1603 ne lui
laissait plus la moindre raison d'être ; elle disparut peu à peu ;
il n'en reste rien sur le sable de ses grèves.

Et cependant quelle fleur de civilisation dut s'y épanouir !
Quels beaux temples elle dut posséder ! Quels ateliers d'artistes
merveilleux y forgèrent ces armes sévères, ces sabres dont les
gardes ajourées de motifs simples avaient des finesses de
trempe, une rudesse tempérée de charme inimitable, y élabo-
rèrent ces laques où le décor de grand style, la fleur et l'oiseau,
y atténuait le pesant éclat des ors, des feux changeants de la
nacre et du burgau.

Tout cela n'est plus qu'un souvenir conservé dans l'ombre
morte des vitrines. Kamakura n'est plus ; on ne saurait y
sentir revivre quelque chose de son passé dans ces temples qui
s'élèvent encore aux penchants de ses vertes collines, le
temple d'*Hachiman*, dieu de la Guerre, celui de *Kwannon*, où
l'on chercherait en vain quelque chose qui subsiste de leur
première origine.

Seul, le *Daï-butsu*, le grand Bouddha, dresse encore dans
un repli écarté de la vallée, à l'abri des douces collines aux
arbres toujours verts, dans le cadre des grands pins et des nobles

LE DAI-BUTSU DE BRONZE DE KAMAKURA
XIIIᵉ SIÈCLE

cryptomérias qui l'entourent, sa solitaire et colossale image. On dit que *Yoritomo* avait été saisi à la vue du grand Bouddha de bronze de Nara, mais qu'il mourut sans avoir pu réaliser son dessein d'en édifier un semblable à Kamakura, sa capitale. Celui-ci, fondu par Ono Goroemon, ne daterait que de 1252 ; il était jadis abrité par une vaste construction, dont le toit reposait sur 63 piliers de bois massif ; les bases en sont encore visibles. Ce temple fut détruit par les typhons et ne fut jamais relevé.

Les dimensions du Daï-butsu sont de 13 mètres de haut ; la tête à elle seule en mesure 3. Il est formé de plaques de bronze, fondues isolément, rivées les unes aux autres et ciselées ensuite sur place. L'intérieur de la statue est creux et constitue une petite chapelle.

La première impression du Daï-butsu est un peu déconcertante, et il est nécessaire d'y revenir plusieurs fois, à différentes heures du jour, pour en pénétrer l'intime signification et l'austère grandeur. Peut-être pour des images colossales de ce genre, et pour des images isolées d'une époque très ancienne, vaut-il mieux la grande solitude et les vastes espaces où nul petit détail ne vient s'interposer entre le néant et leur rêve éternel ? Bien plus émouvante apparition est le Sphinx au pied des Pyramides, dont le regard semble interroger l'infini. Et cependant, malgré le gracieux jardin qui l'entoure, malgré l'étroite retraite que lui font les beaux arbres de la vallée douce et calme, la silhouette grandiose du Daï-butsu, la douceur sereine et la majesté de son visage où transparaît le pur type hindou, émeuvent par l'impression de méditation profonde, de rêve insondable, dont toute image du monde extérieur ne saura le distraire jamais. Il ne dort pas, il songe :

ses yeux, à demi clos, laissent transparaître la vague lueur que leur font deux globes d'or pur. Sa tête si lourde de pensées s'est légèrement abaissée, et son dos s'est voûté. Aucune ligne du visage n'indique le tressaillement de la vie, pas plus qu'aucune ligne du corps n'indique la flexion d'un mouvement. C'est un repliement tellement complet, un abandon si total de toutes les préoccupations terrestres, un retour si absolu aux Forces élémentaires et aux grands concepts essentiels, que la Nuit qui vient, enveloppant peu à peu toutes choses de ses ombres léthargiques, ne saurait entraîner dans l'oubli la vaste Intelligence où tendent à se résorber toutes les pures Idées.

CHAPITRE V

LE FUJI

A le prendre au point de vue strictement et sèchement
géographique, le Fuji est une montagne volcanique qui dresse
son cône isolé non loin de la mer, comme le Vésuve ou l'Etna.
Il n'est plus en activité, mais il le fut à des époques qui ne sont
pas de la préhistoire ; la littérature japonaise mentionne fréquemment les fumées et les flammes qui s'échappaient de son
cratère. Un écrivain de la fin du IXe siècle en parle avec épou·
vante ; un voyageur, en 1021, vit des flammes éclairer le ciel.
Des éruptions en 1082 et en 1649 dévastèrent les campagnes
environnantes ; la plus récente, qui dura plus d'un grand mois,
se produisit le 16 décembre 1707. Les torrents de laves qui,
en diverses occasions, coulèrent le long de ses pentes, durent
être formidables, à en juger par les deux coulées encore visibles

entre Yoshida et Funatsu, et au-dessus de Matsuno dans la direction de Fuji-Gawa.

Le Fuji a la forme générique du cône légèrement tronqué, comme si son sommet avait reçu le cran de deux formidables coups de hache. Il dresse à près de 4.000 mètres au-dessus de la mer ses pentes majestueuses dont l'une sur le versant Ouest s'infléchit en un léger renflement. Ces pentes s'élèvent d'un mouvement continu, que ne rompt l'horizontalité d'aucun plateau, d'aucun gradin ; aucune saillie apparente, à de telles distances, n'en vient interrompre la ligne, ni rochers, ni forêts. Il en existe pourtant, cela est certain, et leurs accidents viennent varier l'uniformité d'une ascension qui, sans eux, serait monotone ; mais pour celui qui, des plaines inférieures, voit se dresser devant lui les grandes pentes de l'énorme Fuji, rien ne le distrait de la dominante vision de cette forme élémentaire si simple, si nue, qui emplit l'horizon, à laquelle la vue ne peut se soustraire, y revient invinciblement attirée, but unique de tous les regards, sujet essentiel de toutes les conversations des hommes, qui, au même moment, le rencontrent dans le champ de leur rayon visuel.

Il n'est pas d'autre explication à la surprenante obsession qu'en ressentirent les artistes japonais, si l'on y ajoute que sa forme graphique si simple était un perpétuel sujet d'amusement pour ces amateurs des deux coups de pinceau. Pour les tard venus, pour les artistes de l'Oukyoyé, qui découvrirent enfin dans les paysages de leur pays une source inépuisable de motifs pittoresques à peindre, il fut le fond permanent d'une foule de leurs compositions. Les premiers plans furent les prétextes aux spectacles divers et variés de la vie, au kaléidoscope éternellement changeant des êtres et des choses : le Fuji fut la

LE FUJI

DESCENTE SUR LE LAC D'HAKONE

trame sur laquelle ils brodaient la vie. Il fut à leurs yeux ce qui
est éternel et ne change pas. Autour de cette forme élémentaire,
ils se sont plu à noter les jeux variés des saisons, de la lumière
et de l'heure, et parfois, dans des visions grandioses, le grand
peintre Hoksai n'a plus vu que cela, le glorieux Fuji dans la
splendeur d'un soleil couchant ou dans le fulgurant éclair
d'un orage. Ils furent les premiers à en faire le centre, le pivot
d'une série de notations des plus fugitifs phénomènes atmo-
sphériques : *Hoksai* et *Hiroshighé* sont les ancêtres avérés de
Claude Monet, et les trois livres des *Cent Vues du Fuji* sont
sans doute l'œuvre la plus extraordinaire où un peintre ait
su rendre, rien qu'avec du blanc et du noir, les poèmes infiniment subtils et changeants de la lumière.

Le Fuji est visible dans un rayon infiniment vaste ; on
l'aperçoit fort bien de Tokio par la perspective de certaines
rues, ou du haut de certaines collines ; il est nettement visible
de Yokohama, et il accueille de loin le voyageur qui arrive de
mer. On l'a presque constamment devant les yeux, quand on
suit de Tokio la vieille route du Tokaïdo, que pendant tant de
jours parcouraient les voyageurs ou les cortèges qui se ren-
daient de Kyoto, la vieille ville impériale, à Yedo, la ville des
Shôguns. Les sites du Tokaïdo et les vues sur le Fuji ont été
immortalisés tout particulièrement, entre tant d'autres, par
l'admirable album des *Trente-six vues du Fuji* d'Hoksai, et
par l'impérissable suite des *Cinquante-trois vues du Tokaïdo*
d'Hiroshighé. Mais le Fuji se dérobe fréquemment à la vue en
se dissimulant derrière un épais écran de nuages ; c'est une
rare bonne fortune de jouir pendant plusieurs jours de sa claire
image, et bien heureux ceux qui ont pu en tenter le tour sans
déboires.

Car c'est cela qui est merveilleux, bien plus que d'en faire l'ascension : et l'on ne peut dire vraiment qu'on connaît le Fuji avant d'en avoir fait le tour complet. C'est un pèlerinage nécessaire, et il n'est pas de fervent dévot de l'art japonais qui ne soit hanté du désir de le réaliser, tellement, à chaque pas, il évoque en votre mémoire le souvenir des belles estampes dont il est le motif principal.

Le tour le plus complet consiste à partir de Kozu, de suivre de Kozu à Yumoto, pendant quelques heures, une des premières étapes du Tokaïdo, en reconnaissant à chaque pas les sites qu'Hiroshighé dans ses estampes anima de son humour, la belle route dont la chaussée ondule à travers la plaine, entre la double rangée de ses gros pins tourmentés avec les brusques et fantaisistes détentes de leur ramures ; — les auberges au bord de la route, avec la petite estrade de paille nattée servant à la fois de table et de banc, où la femme offre au passant la demi-tasse de thé clair ; — les rizières où les filles des champs, les cheveux serrés dans un mouchoir, ou abrités du soleil par l'énorme chapeau de paille tressée en forme de champignon, travaillent dans la vase jusqu'à mi-jambe, — les colporteurs avec l'étroite guêtre de toile qui serre leurs minces chevilles, marchant d'une allègre allure, portant leur charge aux deux extrémités du long rotin de bambou qui, transversalement sur leurs épaules, oscille comme le fléau d'une balance, — et les petits chevaux à longs poils, à l'œil mauvais, bâtés comme des mulets. On franchit de larges lits de rivières paresseuses au milieu de leurs longues langues de sables, sur de grands ponts de bois à chevalets, entre les pieds desquels l'eau coule plus vive, et qui n'ont pas varié de formes depuis des siècles. Puis on atteint une région montagneuse, aux gorges agrestes toutes remplies d'une foisonnante végétation d'arbres verts, et dans lesquelles les eaux d'un torrent coulent écumantes et bruyantes, et l'on atteint Myanoshita, dont la colonie européenne de Yokohama a fait un séjour d'altitude, où elle goûte la fraîcheur des étés intolérables dans les cités de la côte. Déjà, de Myanoshita, la vue du Fuji est saisissante ; mais combien plus surprenante encore est la subite vision qu'on en a quelques centaines de mètres plus haut, dans la large échancrure du col qui, de Aschinoyou, vous permet de descendre sur le lac d'Hakone. Le beau lac d'Hakone apparaît soudainement à vos pieds avec ses eaux calmes et pures, ses délicieux promontoires couverts d'épaisses forêts. Les grandes montagnes ferment l'horizon et, sur ce fond coloré, les nuages promènent de grandes ombres. Un délicieux village, blotti tout au pied de la descente, avec ses petites maisons serrées les unes contre les autres, et dont on ne voit que les beaux toits de chaume soyeux comme des tapis de velours brun, enveloppé dans les fumées des feux du soir, est à cette heure dans l'effet où le voulut Hoksai quand il le peignit sur ce fond de lac et de Fuji coupé de longues strates horizontales de brumes. Et le voici lui-même le glorieux Fuji, s'insérant dans le grand angle des deux montagnes, dont les pentes, en se croisant, ferment l'horizon du lac ; à cet angle renversé, il oppose le cône altière-ment dressé de ses longs escarpements, et, quand le temps est clair, le soleil en se couchant derrière lui renverse dans les eaux du lac sa claire et nette image reflétée.

Mais jusqu'alors il n'a été qu'épisodique, et l'un des détails grandioses du magnifique paysage. C'est en se rapprochant de lui, en atteignant Gotemba, qu'on en comprendra mieux la souveraine majesté, et qu'on subira l'émouvante obsession à laquelle on ne saura plus désormais se soustraire. Il fait encore nuit, et l'aube pointe à peine ; mais très vite, dans ce Japon où les passages de la nuit au jour sont si brefs, l'astre monte vite à l'horizon. Le pays est absolument désert, et un mauvais chemin par de longs détours contourne les flancs poudreux de scories du volcan : une très pauvre végétation d'herbes brûlées et d'arbustes maigres suffit tout juste à retenir la glissée des terres. Il est là devant vos yeux. Sa forme peu à peu se précise, et une énorme coulée blanche prise d'abord pour un gros nuage accroché en panache à son sommet n'est que le grand névé dont chaque nuit glaciale d'automne augmente l'étendue, et qui lui fait un resplendissant capuchon de grandes lèches blanches. Il fait extrêmement froid sitôt que l'astre vient frapper subitement de ses rayons roses le blanc manteau de la montagne, et très vite, comme aspiré impérieusement de ses flancs, un petit nuage léger, transparent, naît, s'étire, monte et s'évanouit dans l'azur. Puis d'autres, au cours du jour, naîtront de même, se condenseront, rôderont en longs serpents, et finiront par le coiffer jusqu'au soir.

Il est seul ; à de longues, très longues distances, les plaines le séparent des chaînes de montagnes qui l'environnent ; des petits bois que l'on traverse en coupent momentanément la vue. A Kami-Yoshida, un grand Torii de bronze est planté au beau milieu de la grande rue du village ; si l'on se retourne, le Fuji apparaît inscrit exactement dans le trapèze du Torii. De ce côté et jusqu'à Funatsu, son sommet plus exposé aux chaleurs du Midi apparaît dégagé de neige, et la pente de droite, avec la légère bosse qui en interrompt la ligne, lui donne un épaulement qui accuse peut-être encore plus sa formiable ossature. Les plaines s'inclinent doucement vers une dépres-

sion, où bientôt luisent les eaux d'un beau lac. Cela deviendra
alors une succession d'enchantements : quatre lacs s'égrènent
au pied de grandes montagnes, séparés les uns des autres par
d'étroits seuils dont on doit franchir à pied les cols. On les
traverse successivement en barques ; de délicieux villages de
pêcheurs en agrémentent les rives ; mais plus souvent elles
sont solitaires, et, aux deux derniers, d'immenses forêts
viennent mourir à leurs bords, forêts inexploitées, dans lesquelles de gigantesques troncs d'arbres pourrissent et se désa-
grègent à la place même où ils se sont abattus. Et toujours par
delà les lacs, par delà les forêts, dans ces grands espaces où ne
se perçoit plus la moindre trace de vie humaine, le grand Fuji
continue à dresser en plein ciel la surprenante simplicité de sa
figure élémentaire.

On suit les bords du quatrième lac à une certaine hauteur,
et voici que le sentier qui dévie vous le fait perdre de vue. Sur
le chemin qui descend vers de profondes vallées encore bien
lointaines, que de fois on s'est retourné pour apercevoir toujours sa forme devenue si familière ! On erre dans des solitudes,
comme un navigateur qui chercherait en vain le phare que ses
yeux interrogeaient sans cesse. Et l'on descend très vite vers
une profonde vallée, où coule à grands remous un immense
fleuve qui porte encore son nom, le *Fuji-Kawa*, comme si
tout, en cette région, devait le rappeler toujours.

On embarque en un étrange esquif, d'une extrême longueur, fait de quatre immenses planches élémentairement
jointoyées : deux pour les flancs incurvés afin de se joindre à
l'avant et à l'arrière ; deux pour le fond, qu'interrompent
parallèlement de longs rotins. Quelques tas de bûches, qu'on
pourrait prendre à tort pour du fret, le chargent de place en

place. Alors commence une navigation fort périlleuse, dont la surprenante adresse des bateliers dissimule d'ailleurs de suite les dangers. Ils sont trois : le premier à l'arrière gouverne, le second godille, et l'autre, avec une immense perche de bambou, penché à l'avant, d'un vigoureux coup profond et souple, imprime à la barque à certains moments le changement de direction nécessaire. Elle évolue alors au milieu de courants qui se divisent ou se rencontrent en eaux tumultueuses, au milieu de seuils qu'on perçoit presque à fleur d'eau, à certains tournants dont des rapides d'une effrayante vitesse vous entraînent à la perdition sur une muraille de rocs, où l'eau se brise en un brusque changement de direction, sur de courtes cataractes, où une dénivellation de 1 mètre sur 50 vous précipite à des allures de galop. Dans les terribles remous, l'eau à gros bouillons soulève le fond de la barque, qui palpite comme une poitrine essoufflée. L'on comprend alors la nécessité de ces planches souples si légères que l'eau crèverait si les tas de bûches n'en maintenaient pas la cohésion nécessaire.

Cela dure des heures, et il n'est rien avec quoi l'on se familiarise plus vite qu'avec le danger. Les grandes nappes d'eau peu à peu deviennent plus étales ; la vallée s'élargit, et la mer proche se sent à de grands souffles qui viennent du large. On abandonne le fleuve pour entrer dans d'étroits canaux où viennent se garer les innombrables barques de commerce qui en font le transit. Et voici qu'à l'horizon, au détour d'un mont, le Fuji réapparaît, grand solitaire, qui dresse bien loin maintenant au-dessus des plaines de Suruga, au-dessus des chaînes de montagnes, cette forme solennelle, simple et sublime, qui reste inscrite, burinée dans notre mémoire comme un des schémas les plus obsédants de la Nature.

CHAPITRE VI

LE MONASTÈRE DU KOYA-SAN

En pleines montagnes du Yamato, province où se constitua
la nationalité japonaise, et qui est leur Ile-de-France, sur une
des chaînes qui dominent les plaines de la province de Kishu,
et dont un haut plateau entouré de dernières crêtes escarpées
et boisées forme le Koya-San, s'élèvent encore, quoique très
dispersés, les monastères qui constituaient le Kongobuji.
C'est une des plus anciennes fondations religieuses du Japon,
et il n'en est peut-être pas dans le monde entier qui l'ait égalée
comme cité monacale.

Ce fut le grand saint Kobo-Daishi qui y fonda le premier
monastère en 816, après que l'empereur Saga lui eut fait don
de la montagne. Sa vie est une des plus merveilleuses ainsi que
des plus miraculeuses qu'aucun saint ait jamais vécue ; et la

légende s'en est si bien emparée, l'a tellement enrichie de faits surprenants qu'il n'est pas d'activité ni de cerveau humain qui auraient pu y suffire. Devenu prêtre en 793, il avait été envoyé en Chine en 804 pour y étudier ; il y devint le disciple du fameux abbé Huikwo, qui le chargea de rapporter au Japon, en 806, les règles de la *secte Shingon*, avec tout le rituel de ses formules mystiques et de ses incantations ; il rapportait en même temps une énorme quantité de livres bouddhiques et d'objets du culte. Il devenait, en 810, l'abbé du temple Tôji à Kyoto, et six ans après en partait pour la montagne du Koya, où il fondait la plus grande bonzerie du Japon, et y terminait, en 834, une vie d'une exemplaire sainteté. Mais beaucoup se sont toujours refusés à croire à sa mort et pensent qu'il attend dans son léthargique repos la venue de Miroku, le Messie de Bouddha.

Cette cité de moines fut énorme, s'il est vrai qu'elle en compta au Moyen Age près de 90.000. Son plus grand élément de destruction fut le feu, qui, surtout en 1843 et en 1888, au dernier siècle, la dévasta. L'esprit politique au Japon ne saurait plus aujourd'hui se prêter à de telles agglomérations monacales. Une centaine de temples y restent debout, en plus ou moins bon état. Ils s'essaiment sur un vaste plateau resserré entre deux crêtes rocheuses plantées de pins, et des arbres gigantesques, sapins, thuyas, cryptomérias, leur font des avenues sacrées du plus sublime effet. Un petit village élongé en une longue rue vit uniquement des pèlerinages, car il n'est pas d'endroit où il ne soit plus nécessaire à un croyant japonais d'être venu pour son salut.

Il existe deux façons d'aborder la montagne du Koya : l'une très rapide, puisque, en partant à l'aube de Kyoto, il est

LE KONDO DU KOYA-SAN

CIMETIÈRE DANS LA FORÊT DE KOYA-SAN

AMIDA ET LES **25** BOSATSOU, PEINTURE
AU TEMPLE DU KOYA-SAN

possible d'arriver à la fin du jour au Koya-San ; l'autre beaucoup plus lente, et qu'il est préférable de faire à la descente,
qui vous permet de traverser au retour la merveilleuse région
montagneuse, à travers forêts, vallées, défilés de rochers et de
torrents qui aboutit à Yoshino, et qui ne le cède pas en pittoresque aux plus belles parties de nos Cévennes ou du Tyrol.
En quittant le chemin de fer à Koyaguchi, il faut supporter
les deux heures banales de voiturette qui, à travers les rizières
et les premiers contreforts, vous permettent d'atteindre la
montée du Koya. Cela devient ensuite un enchantement : on
entre en forêt, le sentier en longs lacets s'élève peu à peu sur
les pentes boisées de la montagne sainte ; il franchit de beaux
cours d'eau, qui s'écoulent à travers une luxuriante végétation
d'herbes folles, d'arbustes d'un vert luisant et de bambous ;
à travers de hautes futaies de *cryptomérias* et d'*hinochi*, dont
les fûts rugueux ou lisses s'élancent d'un jet formidable pour
monter très haut respirer l'air des espaces libres, l'œil plonge
au bas de profondes vallées forestières, où l'extrême humidité
de ces régions entretient la plus tropicale des végétations ; et
cette montée par gradins successifs, dont les monstrueuses
racines simulent les degrés, a quelque chose de sacré, de profondément religieux, dans le silence solennel, dans la lumière
si atténuée que tant de feuillages ont filtrée ; c'est une marche à
laquelle il ne manque qu'une orchestration parsifalienne.

Puis, voici que les pentes s'adoucissent, que les espaces
deviennent plus lumineux ; une petite chapelle attire les premières dévotions des pèlerins, un pont leur indique la première
étape de purification, et les premières constructions apparaissent
en ordre tout à fait dispersé. Aucun plan préalable ne semble
encore ici avoir présidé aux développements successifs de la

cité ; c'est la règle de la libre fantaisie et du caprice. Il n'existe pas d'auberge au Koya-San, et le voyageur y est l'hôte des moines ; il doit accepter dans l'un des temples une hospitalité dont la simplicité n'exclut pas la plus parfaite propreté. Nous sommes au Japon ; les logis de moines eux-mêmes y sont sous ce rapport exemplaires ; comme partout ailleurs, la grande cuve d'eau bouillante est toute prête pour vous délasser des fatigues de la route. Vous devrez cependant vous astreindre à une règle qui interdit tout aliment que la vie ait animé : ni viande, ni poisson, ni œuf, ni lait. Il vous faudra supporter un régime exclusivement végétarien, dont le riz sera la base, et que viendront aimablement varier les jeunes pousses de bambous, les bulbes de lis, et les toutes jeunes feuilles de chrysanthèmes.

Un homme viendra se mettre gracieusement à vos ordres pour la visite des principaux temples ; il ne sera pas superflu qu'il en ait averti préalablement les abbés pour vous éviter de trop longs palabres ; et l'on part à travers le beau parc sillonné de chemins et de sentiers bordés de haies ou de murs ; de tous côtés, les temples apparaissent endormis sous la paix séculaire des grands arbres, dans l'enclos de leurs belles cours sablées et râtissées chaque matin, de leurs charmants jardins aux rochers, aux arbres taillés, aux étangs si pleins de significations mystérieuses.

Le « Kongô-Ji » est le temple principal ; il est entouré d'un grand bois de cryptomérias séculaire, et deux grands portails commandent l'entrée de l'immense cour. Le temple lui-même où l'on pénètre, sous un immense auvent ajouré de panneaux latéraux remarquablement sculptés à jour par des artistes de l'atelier de Jingoro, comporte à gauche et à droite deux constructions beaucoup plus vieilles, précédées de longs portiques et surmontées de beaux toits. C'est justement la date anniversaire du fondateur du temple, et les prêtres font un office à sa mémoire. Dans leurs beaux vêtements de soies brochées, ils viennent d'apparaître à la lumière franche de la grande cour : en deux files parallèles, lentement ils descendent les marches. En avant marchent deux enfants, dont les longs vêtements de tulle brodés sont recouverts d'une étroite écharpe de soie qui traîne derrière eux. Ils sont coiffés d'une couronne en cuivre doré avec des pendeloques ; leur visage est fardé, leurs lèvres rougies au carmin, leurs yeux noircis au kohl. Devant eux, des nattes posées bout à bout sur le sable de la grande cour leur indiquent l'évolution de la marche qu'ils doivent accomplir. La procession avance ainsi lentement ; de sourds répons répètent la prière de l'abbé, qui, mitré et dans un manteau broché de soies floches, s'avance derrière le dais aux longues franges pendantes, qu'un prêtre porte sur un long bâton. Et, à petits pas, interrompus par de courts arrêts, la procession dans son évolution lente rentre au temple par le grand porche principal.

Le *Mieidô* avec ses deux toits superposés, sa superbe galerie extérieure et sa belle entrée supportée par quatre grosses colonnes de beau bois, laisse une profonde impression de majesté. Son trésor est un des plus riches du *Koya-San* en reliques que les traditions attribuent à *Kobo-Daishi*, et qui sont précieusement conservées dans un *Kura* aux murs de terre d'une considérable épaisseur. — C'est une petite figure de Bouddha en terre cuite très salpêtrée, que le grand saint aurait sculptée à l'âge de sept ans, mais qui n'est certainement pas postérieure à l'ère Tempio (729-748). — C'est une très curieuse boîte de laque brun décorée au couvercle d'un lion dessiné en traits d'or du plus grand caractère, et qui renferme les savates de paille nattée de Kobo-Daishi, celles qui lui auraient été données par l'Empereur Saga-Tenno. — C'est une callebasse goudronnée, faite de trois ou quatre feuilles de papier épais, battu et malaxé, et recouverte d'une couche de laque bien exfoliée décorée de papillons d'or. Cette remarquable pièce de laque, de l'époque de Tempio, renferme encore le chapelet que le grand saint reçut en don de l'Empereur de Chine. — Un reliquaire de laque à toit de pagode, à ses côtés décorés de vases avec fleurs, et ses deux portes de Niô-o, gardiens de temple, dorées sur fond brun, admirable pièce peut-être antérieure aux *Fujiwara*. — Une longue boîte de laque renferme de très anciennes planches à imprimer d'une gravure extraordinairement fine, qui servaient peut-être à des impressions d'or. — Un beau kakemono de *Cho-Skikio* assis sur le lotus vert, dans une belle robe rouge, et méditant, la poitrine nue, les mains abaissées, les pouces se touchant, peut rivaliser de beauté avec le superbe *Amida* du même grand maître chinois, debout, main levée en geste de prière, dans ce beau vêtement au rouge profond semé de disques d'or que conserve le temple de Djo-Fukuïn. — Deux vieux paravents d'Ecole de Tosa, qui s'y trouvent également, ont une grandeur épique avec leurs deux cavaliers bardés dans leurs armures, bien en selle sur leurs housses rouges, alors que dans le fond s'étendent les vastes ramures de beaux pins vert sur un fond d'or. — Un petit reliquaire laqué de l'époque Kamakura (XIIIᵉ siècle) porte sur ses huit volets les délicates représentations de huit saints accompagnés de leurs patrons.

Le *Hô-Koïn* est un des premiers monastères que Kobo-

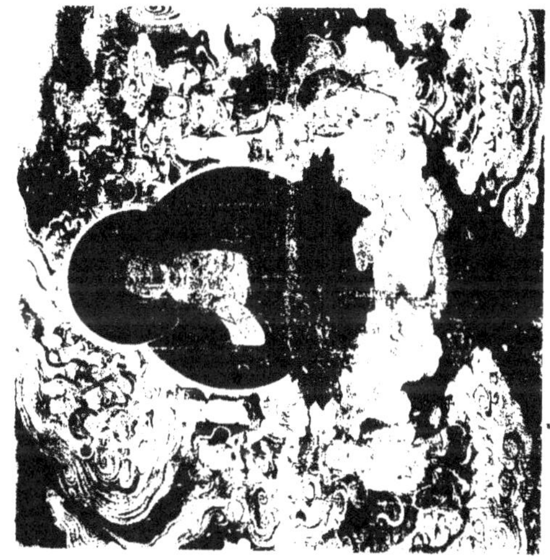

DESCENTE DU CIEL DE L'AMIDA SAUVEUR
ET DES 25 BOSATSOU,
PEINTURE ATTRIBUÉE AU PRÊTRE ESHIN, Xe SIÈCLE,
AU TEMPLE EKO-ÏN DU KOYASAN.

Daishi ait construits au Koya-San, et sa collection de vieilles peintures y est une des plus riches. Il y existe au moins trois admirables œuvres chinoises, dont l'une attribuée à *Wu Taôtseu*, le grand peintre chinois du VIIIe siècle, faisait partie d'une série que les moines ne surent pas défendre contre les convoitises des amateurs : c'est un *Kakkan*, assis sur un grand siège, dont une splendide étoffe drape le dossier ; sa bouche ouverte est pleine de vie, sa main égrène un chapelet ; un personnage, derrière lui, vêtu d'une splendide robe, tient un vase à la main. C'est une œuvre d'une merveilleuse couleur et d'une rare conservation. — Une *Kwannon*, assise sur un rocher, au pied de la cascade, y reste plongée dans sa méditation ; l'exécution si souple, en simples traits noirs, y est bien significative de l'art si savant de Mou-hsi (XIIIe siècle), dont les artistes du Japon conservèrent si profondément l'empreinte. — Une *Nawa-Monju*, dont le corps brun est entouré d'un long cordage plusieurs fois enroulé, gouaché en blanc, avec son épaisse chevelure noire épandue, tient en ses mains un livre bleu, saisissante figure d'un savant modelé.

Deux beaux paravents, où deux coqs paradent au milieu de fleurs et de troncs fleuris, montrent bien dans leur exécution soignée sans grande liberté, ni sans grande légèreté, avec quel art du décor un peintre comme *Tchowkan* (XVIe siècle) savait ordonner une vaste composition avec si peu de chose.

Au *Jimmiô-in*, un coq chantant devant un bananier, tandis qu'un autre coq et une poule dans un petit enclos sont surveillés par un chat qui ronronne sur un rocher fleuri de pivoines aux feuilles d'un vert rouillé, montrent bien également tout ce que *Ogori Sôtan* (XVe siècle) cherchait à mettre de richesse décorative sur deux paravents de papier gris. —

Quelle admirable peinture chinoise que celle de ce *Sakia-Muni*, assis sur le lotus, dans sa splendide robe rouge à motifs d'or, devant lequel prient deux saints debout !

Le *Kammada-Kannô* a une suite de deux salles décorées, par *Tsunenobou*, de grandes branches de pins se développent en larges et puissants traits noirs sur le fond d'or des fusumas, — et deux splendides paravents de *Motonobou*, représentant les Sept Sages des Bambous peints de ce pinceau libre, souple et sûr, dans ces beaux noirs et ces gris si profonds et si veloutés. Le *Kongô-Sammai* est le seul temple du Koya, qui n'ait jamais souffert d'aucun incendie, ce qui le rend mille fois précieux. Il s'y trouve deux salles d'une décoration merveilleuse dans le style de *Naonobou*, avec de grands arbres, des fleurs et des oiseaux sur fond d'or, et des cygnes blancs au milieu de roseaux bruns, dont le beau dessin et la richesse de couleurs ne seraient pas indignes de Sôtan. — La salle d'offices et de prières du temple conserve encore en place la série des huit Saints (*Kobo-Daishi* et ses compagnons chinois), dont la représentation fut traditionnelle au Japon aux époques successives, et qui, marouflés sur le mur, derrière ou sur les côtés de l'autel, y faisaient une décoration d'un genre tout particulier. — Mais l'exceptionnel trésor du temple : c'est un chevalet de gong en bois laqué, dont les montants sont décorés en or de petits monticules semés d'arbres maigres, au milieu desquels galopent des cavaliers tirant de l'arc, atteignant de la lance des oiseaux, dont on ne saurait trop admirer le superbe dessin, l'admirable caractère archaïque ; il faut peut-être voir là un des plus anciens laques chinois que le Japon, pieusement, ait pu nous transmettre, et dont la valeur est inestimable. — D'un bien grand intérêt est également ici le *Taotô*, la petite pagode de bois rouge qui date de *Kamakura*, avec son joli plafond, son autel central entouré des quatre grosses colonnes qui, comme au monastère célèbre de Chu-Sonji, portent des médaillons peints de figures assises au visage poupin (qui à Chu-Sonji sont en burgau) ; on voit encore les trous des clous qui maintenaient les ferrures pour les encercler. Ce serait *Masacco*, la mère de *Sanetom-moco*, qui l'aurait fait construire.

C'est le temple *Eko-in* qui doit attirer au Koya-San les amoureux fervents de l'art japonais. Un kakemono y est déjà bien digne d'attirer l'attention par sa rare étrangeté et sa sauvagerie. Il représente *Kujaku-Mio* montée sur un paon à tête d'énorme coq, et plus bas *Dô-ji* monté sur le kirin ou cheval de feu, dont la tête et le poitrail sont en flammes. Mais l'œuvre sublime qui s'y trouve conservée, un des plus grands sommets de l'art japonais, et l'une des œuvres les plus idéalement mystiques où se soit jamais exprimée la ferveur religieuse d'une âme, c'est la grande peinture du prêtre *Yeshin Sozu*. Il l'aurait peinte sur la sainte montagne de Heizan, près de Kyoto, à vingt-quatre ans (fin du Xe siècle), et Kobo-Daishi l'aurait déposée au temple Eko-in, où elle serait toujours demeurée la propriété de vingt temples du Koya, indivision qui explique la difficulté, presque l'impossibilité, de se la faire montrer. Des moines, indignes d'être Japonais, trouvant sans doute excessive la dimension de cette peinture, qui ne mesure guère moins de 5 mètres de largeur, par conséquent difficile à suspendre, poussèrent la sauvagerie, à une époque ancienne, jusqu'à la couper en trois morceaux, et c'est en cet état qu'on la trouve aujourd'hui. Elle représente Bouddha et les 25 *Bossatsou* ; le Dieu trône au centre, assis sur le lotus ; ses chairs sont d'un brun très clair, un des yeux plus bridé que l'autre, la bouche rouge d'un trait de vermillon. Son visage a cette rondeur de traits, cette impersonnalité, cette absence d'accents caractéristiques, mais aussi ce calme, cette sérénité, cette survie, par lesquels les peintres d'Extrême-Orient ont toujours cherché à exprimer le Dieu que rien ne rattache à la terre, qui n'est d'aucune race, d'aucun temps, d'aucun sexe. Il est entouré de divinités qui trônent sur des nuages légers et vaporeux, et leurs têtes portent des diadèmes bleus et or ; à ses pieds, deux divinités sont agenouillées, l'une joignant les mains, l'autre lui présentant une base de reliquaire en forme de lotus d'or ; — elles portent des jupes roses d'un ton exquis. De chaque côté, descendent du ciel les saintes cohortes portées sur les nuages ; elles se livrent à l'extase de la musique et du chant. Rien ne saurait exprimer le charme si pur, la candeur de ces divins concerts. Devant des pupitres, les uns chantent et leurs bouches ouvertes, laissant briller l'ivoire de leurs dents, exhalent de fervents cantiques ; d'autres jouent des instruments de musique, des harpes et des *biwas*. Tous ces visages sont souriants d'une béatitude céleste, étincelants de calme et de pureté, d'une jeunesse que rien ne semble devoir ternir. Dessinées d'un trait de vermillon si sûr, et que le temps a partout respecté, enveloppées de voiles transparents, de jupes roses et vert clair que l'or discrètement enrichit, ces exquises figures ont les bras à demi nus, les poitrines non voilées, et cependant ce poème de chairs blondes n'a rien de voluptueux ; c'est quelque chose d'infiniment pur et céleste, et je ne connais rien dans l'art universel où se soient trouvées si parfaitement accordées la suavité de l'expression et celle de la couleur ; et cette fleur de beauté venait de s'épanouir, dans ce coin de terre ignorée du monde entier au cours du xe siècle, à l'heure où, dans les monastères carolingiens de l'Occident, les enlumineurs répétaient sans les animer d'aucun sentiment personnel de froides et sèches formules.

Après une telle vision, toute œuvre d'art paraîtrait inutile ou médiocre ; la Nature seule, si belle en cet endroit, peut encore vous toucher par ses aspects calmes, nobles et grands Par ce beau jour d'automne, où tout est gloire et couleurs, la belle lumière dorée exalte la fanfare cuivrée des érables pourprés. Le contraste est ainsi plus grand, quand on pénètre dans la vaste forêt qui s'étend à l'autre extrémité du village ; sa majesté sévère et l'ombre épaisse, l'ombre verte des grands arbres impressionnent, et plus profonds semblent être encore le silence et la paix dont toutes choses sont entourées Quel plus émouvant endroit pouvait-on choisir pour en faire le cimetière séculaire, où, depuis ses plus lointaines origines, tout un peuple est venu adorer ses morts ! Non pas qu'ils y soient nécessairement inhumés ; le plus souvent les tombes n'y sont que des monuments élevés à leurs mémoires, ou bien, après la crémation des corps, une simple relique, un os ou une dent y furent déposés dans le monument commun qu'on nomme Kotsu-dô ; dans tous les cas, leurs tablettes funéraires sont envoyées à un des monastères, où elles auront le bénéfice des prières quotidiennes, et l'aide de Kobo-Daishi leur conférera le privilège spirituel de revivre sur la Terre d'idéale pureté. Et c'est dans cette forêt sauvage, au milieu des ravins, au milieu des rochers, sous la voûte si haute des immenses cryptomérias, dont les racines, ainsi que des bras convulsés, en viennent bouleverser les dalles, dans cette moiteur d'une terre constamment imbibée d'eau, dont les mousses et les lichens envahissent et pourrissent tout, dans cette atmosphère moite de décomposition récréant perpétuellement la vie, que s'élèvent sans ordre, escaladant les pentes, profitant de tous les ressauts du terrain, les mausolées et les tombes, monumentales ou modestes, de grands noms et de petits, des pagodes qui rappellent les *Daïmios* des provinces de Sendai, de Kaga, de Satsuma, d'Hizen et de Choshu, des tombeaux précédés de Torii à la mémoire de grands guerriers ou de grands chefs, et les pierres debout innombrables des humbles et des petits. Et marchant ainsi très longtemps dans cette vaste cité des morts, si populeuse de noms et si déserte, on atteint enfin le *Mandoro*, le temple des 10.000 lampes, auprès duquel se trouve le tombeau de Kobo-Daishi, objet de la vénération populaire, et dont les pèlerinages constants entretiennent le culte.

La nuit est tôt venue, et dans l'air si pur et si calme, loin de l'ombre opprimante de la forêt, une grosse cloche tinte lentement l'appel à l'office du soir. Dans le temple, tout semble endormi, si ce n'était que de moment en moment vibrent les coups répétés d'un timbre. Dans une pièce basse, à la demi-obscurité de laquelle les yeux s'habituent peu à peu, se célèbre l'office de nuit. L'abbé est assis sur un tabouret que sa grande chasuble recouvre entièrement, devant un vaste autel très bas chargé de cassolettes, de bronzes, et qu'éclairent quatre cierges dans de grands chandeliers. De chaque côté, en deux lignes, les moines sont assis sur leurs talons, vêtus de splendides chasubles faites d'une foule de morceaux de soies disparates assemblés carrés par carrés ; leurs socques de bois laqués rouges, aux bouts relevés, sont posés devant eux. Dans la pénombre luisent les laques, éclatent le rouge et l'or des étoffes sacerdotales, et du plafond pendent de longues et larges bandes de soie garnies de franges. Le prêtre chante d'une voix lente, lasse, uniforme, un peu chevrotante à brusques chutes, et les répons reprennent à bouche presque close, avec des arrêts gutturaux, puis des reprises à rythme plus accéléré, d'une monotonie qui endort, qui hypnotise, comme la danse extatique d'un derviche tourneur ; par moments en fusées éclate la voix claire d'un enfant, pendant que les prêtres debout chaussant leurs socques, qui claquent à chaque pas d'un coup sec sur le parquet, marchent l'un derrière l'autre autour de l'autel en chantant. L'officiant remet de temps en temps de l'encens dans les cassolettes, frappe à sa droite sur un timbre d'argent, pendant qu'une cymbale retentit en vibrations prolongées. Dehors la nuit est claire et fraîche, le ciel criblé d'étoiles, et dans un arbre une chouette hulule tristement.

CHAPITRE VII

LES SAN-KEI
(Les trois Paysages fameux du Japon)
ET LE LAC BIWA

Dans ce Japon où il n'est pas de province qui n'ait ses sites vénérés, buts de pèlerinage laïque, il existe trois paysages qui sont considérés comme les trois merveilles pittoresques du Japon *(San-Kei)*, et dont les noms éveillent dans toute mémoire ou dans toute imagination japonaises de longs échos poétiques, car on les retrouve fréquemment dans les plus vieilles littératures, comme celle des *Nô*, et ils reviennent constamment dans ces innombrables petites pièces de vers, prodiges de condensation poétique. Ce sont *Matsushima, Ama-no-Hashidate* et *Miyajima*.

Matsushima se trouve sur la côte orientale du *Rikuzen*, assez haut, à quelques lieues au nord de Sendaï, et c'est par

LES ILOTS ROCHEUX A MATSUSHIMA

LE TORI-SUBMERGÉ
DEVANT LE TEMPLE DE MYAJIMA

une charmante route au milieu des rizières et des bouquets
d'arbres qu'on descend au petit port de Shiozama. On arrive
à la mer, sans s'en douter, sans que rien vous l'annonce comme
chez nous, déboisements, marais salins, falaises, dunes ; elle
est particulièrement ici intime, pénétrant profondément dans
les terres, s'insinuant en de longs golfes compliqués, abritée des
coups de vent du Pacifique par ces centaines d'îles et d'îlots
qui la parsèment et font à la terre une ceinture de hauts bri-
sants, où vient mourir la fureur du flot. Il n'est pas moins de
quatre-vingt-dix-huit îles entre Shiozama et Matsushima, et
huit cent trente-huit entre Shiozama et Kinkozan, cette dernière, une des plus avancées sur le Pacifique, île sainte, but
des pèlerinages, où vivent pacifiquement et familièrement les
prêtres dans leur temple, et les daims apprivoisés sous les pins.
Tous ces îlots émergent des flots ; la mer en est toute hérissée,
et ce ne sont au loin à l'horizon que formes bizarres, dures,
aiguës, irrégulières ; rocs de tuf volcanique délités par la lame
ou la pluie, ayant pris les formes les plus étranges d'aiguilles
menaçantes, de crocs hargneux ou d'arches naturelles, à travers lesquelles l'eau apparaît au loin verte ou bleue, avec l'imprévu d'une voile qui passe comme dans le champ étroit d'un
kaléidoscope. Et partout, même dans les coins de rocs, où
l'absence d'humus est la plus totale, se sont accrochés les pins
dans les positions les plus paradoxales, crispés comme des
déments, poussant leurs rameaux comme ils peuvent, quelques-uns presque la tête en bas, tellement ils sont penchés
sur les flots, échangeant avec la mer de tragiques confidences,
vrais guerriers conquérants du sol qui se défend, submergé
par leur assaut. Si ce paysage n'était pas japonais, il faudrait
qu'il le soit, et il est un de ceux qui répondent le plus com-

plètement au goût du peuple japonais, qu'on peut quelquefois surprendre riant amusés devant la Nature.

Il faut embarquer, pour pénétrer le caractère intime de cette mer rocheuse, où chaque coup de rame amène de l'imprévu ; les points de vue changent à chaque instant, comme aussi les couleurs de l'eau, constamment modifiées par les fonds ou par les courants. A l'équinoxe d'automne, les orages y sont souvent menaçants ; le soleil se couche vers la terre sous la demi-arche d'un arc-en-ciel aux fallacieuses promesses. L'eau devient subitement sombre avec des reflets de sang ; la verdure sévère des pins s'enfonce dans la nuit dont le Ciel s'enveloppe déjà comme d'un linceul : tous les rochers en tuf subitement sont devenus roses au ras de l'eau, et de tous côtés des grandes bandes d'oiseaux inquiets rentrent en criant remiser dans les îlots. Comme la nuit vient vite dans ce pays sans crépuscule ! et, presque sans qu'on les voit, des barques qu'on croise dans la nuit partent des appels de bateliers très doux, très bas. Des chants très lents et très sourds, infiniment mystérieux, se mêlent au bruit des avirons qui godillent.

Ama-no-Hashidate se trouve sur la mer du Japon, dans la province de Tongô, au nord-ouest de Kyoto. Aspects tout différents. Un golfe immense et profond, entouré de hautes montagnes couvertes de forêts, au fond duquel une petite ville, Miyazu, abrite son port très commerçant. Une longue et étroite bande de sable couverte de pins s'étire de la longueur de deux milles marins, coupant longitudinalement le golfe, qu'elle sépare (en ne les laissant communiquer que par un étroit goulet) d'une baie toujours tranquille, vaste étang aux eaux calmes, contrastant si souvent avec les lames furieuses qui déferlent à 20 mètres sur l'autre rive. De la rive où se trouve

Miyazu, un bac passe la djinrikisha jusqu'à l'extrémité de cette longue presqu'île de Ama-no-Hashidate, et l'on roule ensuite pendant plusieurs kilomètres sur un chemin capricieux, entre deux vastes espaces d'eau, sous des pins magnifiques. Ils étendent leurs grands rameaux sur les grèves que fleurissent des champs de petits œillets roses ; parmi les herbes sèches, à leur ombre, s'épanouissent des buissons de camélias. Quelle impression de rare suavité, rouler ainsi sans secousse et sans bruit, dans la fraîcheur d'un matin de novembre, d'un de ces matins aux yeux gris dont parle Shakespeare, noyant tous les contours dans la brume, et ne vous laissant de la réalité que des apparitions de songe !

Mais Ama-no-Hashidate ne révèle vraiment toute la beauté de son site que si on le contemple de haut, d'une des pentes qui le dominent, au-dessus du petit village d'Ejiri. De là, les deux baies apparaissent nettement séparées par la longue presqu'île jaune, si plate au ras de l'eau, et que la foule innombrable des pins couvre d'un manteau vert sombre.

Le petit vapeur côtier se hâte et s'essouffle au milieu de tout le calme qui l'entoure. Dans les criques, des villages de pêcheurs bien abrités bordent le rivage : les maisons sont serrées, avec leurs crêtes de toits en grosses tuiles de paille ; de grands trous d'ombre ne sont que les garages des barques béant sur la mer. De place en place, d'immenses perches en bambous supportent les filets, et de longues palissades ne sont que les bottes de paille de riz qui sèchent. Dans les anses, de grandes jonques aux avants recourbés, flancs contre flancs, sont à l'ancre, et cela rappelle aussitôt quelques immortelles estampes d'*Hiroshighé*. Elles ont leurs bords ajourés au-dessus de la ceinture, et les toits des chambres intérieures émergent des ponts. On les voit naviguer le soir de conserve, deux à deux, les avants liés ensemble, pour causer ; la brise gonfle les grandes voiles quadrangulaires en nattes fines, et les pêcheurs en jupons de paille de riz et en surcots de coton bleu, hissent le filet en chantant, pendant que l'homme au gouvernail scande et rythme l'effort en tapant d'un petit marteau sur le rebord de la barque.

Miyajima, des trois San-kei, est sans conteste le plus célèbre et le plus populaire ; c'est aussi celui dont l'accès est le plus facile aux habitants de Kyoto, d'Osaka et de Kobé. On s'y rend de Kobé par une lente navigation d'une nuit et d'un jour sur la Mer Intérieure, entre la côte et les îles qui la parsèment. Les escales sont très nombreuses ; mais on ne saurait rencontrer dans tous ces villages ce mouvement, ce tumulte, cette couleur et cette gaîté dont s'accompagne tout embarquement sur le Nil, en Egypte, ou dans les ports du Levant. Ici les couleurs sont neutres, que ce soient celles des terrains ou des vêtements, les gens de gestes mesurés, doux, silencieux et dociles. Par ce temps bas, sous le ciel gris, c'est une Bretagne ; les grandes montagnes aux couleurs mortes se succèdent en coulées sablonneuses ou en pentes couvertes d'une assez pauvre végétation. Ces montagnes, dont les plans s'étagent et s'arrangent harmonieusement, manquent de sublimité de formes. Dans ce paysage calme, au bord de cette mer apaisée, se dressent comme une anomalie les grands ateliers de constructions navales de Kuré, ses immenses grues, ses élévateurs, ses cales sèches aux armatures de fer, le bruit perpétuel des lourds marteaux, les fumées épaisses qui obscurcissent le ciel. A aucun moment on n'a l'impression que derrière ces îles qui vous la masquent, au détour de ce cap, derrière ces rochers, s'étend la

LA PRESQU'ÎLE D'HASHONO HASHIDATE

mer libre, l'immense Pacifique vide de terres jusqu'aux rivages américains. Il est un moment de cette navigation où les côtes sont tellement rapprochées que le chenal ressemble à une large écluse dont le bateau occupe presque la largeur et que borde de chaque côté un long quai couvert de maisons. Enfin, à la fin du jour, Miyajima, l'Ile Sainte, apparaît, site vraiment admirable, haute montagne couverte d'une épaisse forêt de pins, et que précède comme une vigie sacrée un grand Torii rouge, qui baigne à marée haute dans les vagues. Au fond de l'anse, dont il commande l'entrée, le temple Shinto étend ses bâtiments peints de rouge éclatant, bâtis sur pilotis, et qui communiquent entre eux par un système de passerelles à claires-voies. A marée basse, des vases qui vous entourent monte une fade odeur marine, et ce lieu de prières rappelle vaguement certains casinos balnéaires de nos plages septentrionales. Mais viennent les nuits de lune à marée haute, et toutes ces constructions sur pilotis semblent alors flotter comme en rêve sur les eaux. L'avenue sacrée qui du village y accède suit la mer, bordée de monumentales lanternes de pierre, et des pins convulsés d'angoisse tendent au-dessus d'elles des bras désespérés ; des cerfs apprivoisés y rôdent sans cesse.

Miyajima est un des sites les plus visités du Japon aux deux saisons qui y ramènent ces adorables fêtes de la Nature auxquelles les Japonais seraient désolés de ne point assister : la floraison des cerisiers au Printemps, le flamboyant éclat des érables à l'automne. Il est en effet peu d'endroits au Japon où l'on assiste à plus surprenante féerie. Une toute petite vallée derrière le temple, au fond de laquelle descend de la montagne un ruisseau cascadeur, est encombrée d'une extraordinaire poussée d'arbres de toutes espèces, grands cryptomérias, pins silvestres, cerisiers et érables. C'est vers la mi-novembre que ces derniers atteignent leur plus haut point de splendeur ; cette petite vallée devient alors quelque chose d'inimaginable, et le peintre qui chercherait à rendre de semblables effets serait taxé d'invraisemblance folle. Les rouges les plus francs dans toute l'étendue de la gamme, qu'ils soient pourpres, vermillons ou violacés, les jaunes les plus purs, y composent une harmonie qui chante en fanfares éclatantes et claires, en accords cuivrés d'une extraordinaire sonorité. Le vert sombre des pins y fait une basse continue, un fond sur lequel peuvent s'appuyer tant de lumineuses clartés.

Le lac Biwa. — Que de souvenirs artistiques cette délicieuse excursion éveille encore à chaque pas dans votre mémoire ! Il n'est pas un de ces sites célèbres qui n'ait inspiré la plupart des peintres de l'Oukiyoyé, et il n'est pas douteux que bien des artistes des écoles antérieures, dominés par les maîtres chinois, de ceux qui avaient conservé une âme sensible et désireuse de se retremper dans la nature au sein de laquelle ils vivaient, comme Soâmi par exemple, ne soient venus leur demander les douces confidences qui touchent les cœurs. Mais c'est Hiroshighé qui toujours, et dans tous les coins de ce divin pays, vous accompagne ; il est le transcripteur le plus véridique et le plus ému, l'âme la plus ingénue en laquelle se soient reflétés tous les aspects de la vie et du paysage japonais. Mais c'est en même temps le plus surprenant déformateur (c'est en cela qu'éclate la grandeur de son génie) : et il faut être allé au lac Biwa pour surprendre les secrets d'un art qui, d'un motif de la nature pittoresque ou curieux sait tirer d'aussi grandioses effets, et des compositions d'une simplification aussi suggestive.

Le lac Biwa ou d'Omi, que sépare de la vallée de Kyoto la belle montagne de Hieizan, est d'une étendue peu ordinaire, qui ne doit pas être très inférieure à celle du lac de Genève. Une large bande de terres cultivées le sépare des pentes de Hieizan, tandis que sur la rive opposée, à l'Est, une chaîne de petites montagnes plutôt sablonneuses se redresse vers le centre en un sommet d'apparence volcanique, auquel on a donné le nom de Fuji d'Omi. Les beaux sites du lac Biwa furent de tout temps la constante préoccupation des poètes et des peintres japonais, qui les chantèrent, qui les peignirent : les « huit beautés d'Omi » tiennent dans l'art japonais une place égale à celle que tiennent dans l'art chinois les « huit beautés de *Siaô-Siang*. « Ces huit sites célèbres étaient des buts de pèlerinages : un Japonais n'aurait pas voulu mourir sans les avoir vus au moins une fois dans sa vie : « C'étaient. la « Lune d'automne vue de Ishiyama ; soir de neige à Hirayama ; le coucher du Soleil à Séta ; la cloche du soir au temple de Miidera ; les bateaux rentrant de Yabase ; un ciel clair et de la brise à Avazu ; une nuit de pluie à Karasaki, et les oies sauvages venant remiser à Katata ». La plupart se trouvaient dans la partie Sud du lac, en un point plus resserré, où venait se jeter dans le lac, en un large estuaire, la rivière Setagawa.

Les 10 kilomètres qui séparent Kyoto du lac Kiwa sont aisément franchis au trot du coureur de jinrikisha, quand, après la rude montée qui part d'Awata, on redescend rapidement sur la ville d'Otsu, qui s'étend le long de la rive Sud du lac. C'est un peu derrière Otsu que s'élève, sur une colline boisée, le beau temple de Miidera, dont les terrasses offrent du lac les vues les plus belles, les plus étendues. Otsu forme au bas le premier plan jusqu'aux belles eaux d'un bleu pâle qui fuient jusqu'à l'horizon en étincelant sous le soleil. A quelques kilomètres vers le Nord, sur un petit promontoire qu'un quai protège contre l'érosion des eaux, se dresse un pin véritablement gigantesque, si l'on considère non pas sa hauteur, mais le développement extraordinaire de ses ramures. Il n'est pas d'exemple dans le monde d'une orthopédie aussi savamment et aussi obstinément dirigée.

Le pin de Karasaki ne peut avoir guère moins d'un millier d'années, car il est déjà représenté dans des images de huit cents à neuf cents ans, où il n'a déjà plus l'air d'un jeune arbre, ayant l'aspect déjà chenu. Dès ses jeunes années, on s'appliqua à refouler toutes ses aspirations en hauteur, et toutes les puissances de sa sève tendaient à pousser ses ramures dans le sens horizontal. On en contraria encore les directions, de façon à faire prendre à ses branches des inflexions curieuses, de brusques retours, d'étranges coudes. Traqué en un sens, il n'en partait que plus vigoureusement en un autre sens. C'est devenu une chose inimaginable, dont on ne peut vraiment dire qu'elle est belle, parce qu'elle est incohérente et informe, et cependant, c'est énorme. Ses membres gigantesques sont soutenus par des béquilles, et l'on admire avec stupeur ce formidable vieillard de mille ans qui ne veut pas mourir ; ç'aurait été cependant un bon tour qu'il aurait pu jouer depuis longtemps à ses arboriculteurs.

En revenant sur ses pas, on retraverse de nouveau Otsu, puis Zeze ; le long des rives charmantes du lac, on suit la merveilleuse allée de pins tordus, inclinés, convulsés, à travers lesquels apparaissent, au loin, les eaux bleues au delà des verdures tendres d'un vert jaune des riz. On longe ensuite les bords

LA PRESQU'ÎLE D'HAMONO HASHIDATÉ,
SUR LA MER OCCIDENTALE DU JAPON.

charmants de la rivière de Seta, dominés par de pittoresques collines, où les érables d'automne éclatent déjà en notes cuivrées, et l'on atteint Ishyama-dera, dont les délicieux restaurants sont bâtis en pilotis sur la rivière. Derrière, sur une colline, s'étage, au milieu de ravins escarpés, le temple de Ishyama, qui remplaça jadis le fameux monastère qui s'y était établi sous l'empereur Shômu, au milieu du VIIIe siècle. Après des incendies successifs, *Hideyoshi* fit relever, à la fin du XVIe siècle, les bâtiments au milieu de rocs naturels, qui, semés sur ses terrasses, lui donnent un aspect tout particulier. Sur une de ces terrasses supérieures, sous l'ombre des grands arbres, est un petit kiosque bâti sur l'extrême bord de l'abîme, et d'où la tradition veut que la Lune d'automne se levant sur le lac Biwa soit infiniment poétique à contempler.

Une barque peut, en un temps fort court, vous descendre d'Ishyama au *Pont de Seta*, en suivant le cours de la rivière. C'est d'une impression charmante ; ses rives s'éloignent progressivement, et l'eau est d'une transparence extrême ; de grandes herbes y laissent traîner leurs chevelures. Devant vous, un admirable pont, qu'interrompt une étroite petite île, enjambe de rive à rive, porté sur ses hauts chevalets ; sa courbe est d'un rythme exquis, et ses bois clairs, dans ce paysage où toutes les nuances sont si fines, sont la dominante d'une harmonie dont tous les accords viennent mourir doucement dans le calme allangui d'un beau soir. Le bateau tranche de sa proue une eau molle, dont les lignes brisées s'enflent doucement et dispersent des bandes de canards sauvages, qui, vifs, prestes et narquois, plongent, secouent leurs ailes éployées et caquettent. Et, très loin dans le ciel, des compagnies d'oies divisent leurs vols, évoluent, hésitent et, bien déterminées, vont s'abattre vers des rives désertes couvertes de roseaux, où elles remiseront pour la nuit. C'est toute l'âme d'Hiroshighé, éparse dans ce beau paysage, dans ce vaste ciel, sur ces tranquilles eaux, au milieu de ce monde ailé dont il aimait tant à surprendre le vol.

CHAPITRE VIII

THÉATRES. — SPECTACLES

LE DRAME DE NO. — SES ORIGINES, SES TRADITIONS. — ASPECTS
DE LA SCÈNE. — CARACTÈRES GÉNÉRIQUES DU DRAME. — LES
DRAMES DE SEMIMAROU ET DE VENT DANS LES PINS. — LES
CHIOGEN. — LE THÉATRE POPULAIRE. — SES GROS EFFETS. —
SON CARACTÈRE NATIONAL. — LES SÉANCES DE LUTTE A MAINS
PLATES. — LA DANSE. — ORGANISATION DES TROUPES DE
GUEISHAS. — LES FÊTES DE DANSE DANS LES MAISONS DE THÉ
ET A LA SCÈNE.

Drames de Nô. — Le Drame de Nô[1] est un des derniers
beaux spectacles qui nous ait été conservé du Japon des vieux
àge. Ce fut la première forme dramatique qu'ait connue le
Japon. Ses plus anciennes origines remontent à la fin de
l'époque de Kamakura, au XIVe siècle, qui ne nous a rien laissé,
et aucune modification n'a été apportée à ses anciennes traditions. Surtout c'est une des gloires de l'époque des Ashikaga.
aux XVe et XVIe siècles. Les Ecoles se les transmirent pieusement, en même temps que ces merveilleux accessoires sans les-
quels leur beauté ne serait pas complète, ces splendides cos-

1. Au Japon, le « Nô » est le drame lyrique.

tumes de soie, brochés ou tissés d'or, décorés de paysages, de fleurs ou d'oiseaux, et ces beaux masques laqués, dont les expressions calmes ou douloureuses, douces ou terribles, sont toujours tragiques, et apportent au jeu des acteurs ce caractère impersonnel et éternel si émouvant. Les Ecoles de drame de Nô sont de grandes Ecoles d'art, soutenues par de fortes et longues études, que poursuivent depuis des siècles les mêmes familles d'acteurs. Il en est qui ne jouent qu'à de très longs intervalles, presque constamment retenus par la Cour.

D'autres ne préparent qu'avec un soin méticuleux des représentations mensuelles, auxquelles on ne peut assister que par abonnement, et que suivent attentivement des étudiants, un peu comme un cours d'une Ecole supérieure d'art appliqué. Tel est M. Mumewaka, acteur admirable, et l'un des derniers qui ait encore su composer un Drame de Nô, à ajouter au répertoire des deux cent trente-cinq drames que les six derniers siècles nous ont transmis. Ces drames sont écrits en une langue poétique aussi difficile à comprendre que le seraient pour nous des mystères de nos XIVe ou XVe siècles, desquels ils se rapprochent par le caractère religieux. Aussi voit-on les spectateurs les suivre attentivement sur le texte même, public sérieux et passionné, vraiment une élite, que n'attire en ces lieux aucun vain désir de paraître, mais, au contraire, un ardent besoin d'Art et de Poésie.

Une grande estrade carrée, couverte, isolée sur les trois côtés par un étroit passage de la salle, qui est divisée en boxes de quatre places, où l'on s'accroupit sur les nattes ; des sortes de loges forment le pourtour. L'estrade est adossée au mur de fond en bois clair, que décore invariablement un énorme pin vert aux rameaux tortueux ; elle est reliée à gauche par un

AU THÉATRE. LE DRAME DE NÔ

passage de plain-pied avec une salle où se préparent les acteurs, et par lequel se font les entrées et les sorties. Comme dans les drames primitifs de Shakespeare, il n'y a pas l'ombre de décor, le changement de lieu se trouvant indiqué par un simple accessoire, une cahute ajourée de roseaux, un pin ou deux gros massifs de pivoines.

A droite sur deux rangs, et de profil par rapport au public, sont assis huit personnages, dont les vêtements de soie portent aux revers et aux manches les armoiries tissées en blanc. C'est le *chœur* qui, toujours immobile, se mêlera à l'action par de lentes psalmodies, dont le rythme et les cadences rappellent fréquemment les chants de nos églises catholiques.

Face au public, adossés au mur de fond, à 3 mètres près, sont assis les musiciens, une flûte et deux tambourins. Ils accompagnent presque constamment la déclamation, à moins qu'une sorte de récitatif n'exige le silence des instruments. La flûte a d'aigres déchirements. Les tambourins, en forme de barillets aux deux côtés tendus de peaux, tenus levés à hauteur de l'épaule droite, ou posés sur le genou sans y être appuyés, sont frappés par la main gauche d'un claquement sec ou d'un lent attouchement des doigts qui rend un son sourd.

Cette partie instrumentale est liée à une partie vocale, que mènent les deux joueurs de tambourins en déchirantes plaintes. Cet accompagnement, qui fait un fond presque continu à toute l'action, est tenu sur le registre le plus élevé de la voix, en miaulements qu'interrompent de rauques hoquets, et répand continûment sur elle un voile de lugubre tristesse, à moins qu'il ne trouve des rythmes vifs pour scander en mesures plus rapides une danse particulière, comme celle des *Lions*.

C'est sur ce fond musical des instruments et du chœur que se déroule une action rapide, sans divisions apparentes, où se trouvent mêlés, dans d'inégales proportions, selon la nature même du drame, le sentiment *poétique, dramatique* ou *musical*. Elle ne comporte, en général, pas plus de trois acteurs, auxquels viennent s'ajouter des figurants quand il s'agit d'une action guerrière.

Plus particulièrement dramatique est cet admirable drame de *Semimarou*, le prince aveugle, frère de ces si nombreux souverains du Japon, qui, à certaines heures de leur vie, las du pouvoir, allaient demander l'oubli au silence d'un monastère ; mais ici, c'est contre son gré, et parce que sa cécité est considérée comme une tare dans la maison impériale, qu'on l'a exilé. Il avance lentement, vêtu d'une grande robe raide de soie violette, ornée d'oiseaux d'or ; deux hommes portent au-dessus de sa tête un dais d'osier simulant la chaise à porteur dans laquelle il devait gravir la montagne. Un passant, dont l'âme ingénue, s'est sentie pénétrée pour lui d'une pieuse pitié, le précède portant un très large et court pantalon blanc, que deux plis brisés sur les côtés maintiennent très raide. Il se retourne fréquemment vers le prince dans de lentes évolutions à petits pas des pieds parallèles, glissant sur les planches le talon en avant, et lui adresse des exhortations gutturales à profondeur de gosier. Quel émouvant dialogue ils échangent alors entre eux, assis face à face, à voix profondes, sourdes et si lointaines ! Il le revêt ensuite d'un surplis vert sombre, se prosterne à ses pieds, et sa main lentement monte à son front en ce geste rituel du grand chagrin et des pleurs ; la raideur même de ce geste, toute hiératique, a quelque chose d'éternel, comme celui d'une statue dont le mouvement serait à jamais fixé pour toujours. Puis il le mène dans une cahute de roseaux, qui simule dans l'angle de la scène la demeure monastique où il doit vivre. Et lentement il s'en va.

La scène est vide, et, dans sa cahute de roseaux, le prince est plongé dans une insondable méditation La flûte pousse un cri perçant, les deux tambourins y répondent d'un coup sourd, sans résonnance, et l'une des voix pousse un miaulement si navrant qu'on n'y saurait comparer que l'aboiement du chien à la lune ; les lamentations sortent plus pressées, et tout retombe à la déchirante et courte plainte que rend la flûte.

Le prince a pris la *biwa* et exprime en quelques sons sa douleur. A l'extrémité du long passage, apparaît alors un nouveau personnage. La sœur du prince, repoussée aussi de la Cour, a dû simuler la folie afin de pouvoir mendier sur les chemins. Elle porte une jupe de soie cerise et un vêtement blanc, sur lequel retombent les longues tresses de ses cheveux noirs. Une branchette de feuilles verdoyantes est appuyée sur son épaule. Comme le masque qui lui couvre le visage est fin et doux ! Les sons de la biwa ont frappé son oreille ; elle ne s'y trompe pas ; ce ne peut être que son frère, le prince infortuné. Elle s'arrête avant d'aborder la scène. Les joueurs de tambourin ont alors deux ou trois spasmes de douleur. Elle parle, et sa voix est si triste, si désolée ! Elle avance de quelques pas d'un pied hésitant, et ses talons tapent par saccades le plancher d'un coup sec, cela a quelque chose de sauvage ; son corsage blanc de soie brillante et son masque d'un blanc mat s'harmonisent doucement sur le fond de bois gris. Maintenant penchée en avant, agitant sa branchette, elle marche à pas plus rapides vers la cahute d'osier, s'arrête hésitante, tape le plancher du talon, évolue sur elle-même, exécutant une marche dansée du plus extraordinaire caractère. Le prince a parlé, elle s'arrête ; il sait qu'elle est devant lui, et sa voix modulée est empreinte d'une tristesse si infinie, si lointaine, qu'elle semble venir déjà d'un autre monde ; il a ouvert son éventail, et sa sœur, penchée, immobile, l'écoute. Elle lui répond, et sa voix douce a un registre plus étendu de modulations, comme si les choses qu'elle a à dire étaient plus variées, d'une tendresse plus nuancée. De quelle grandeur poignante, incomparable, est empreint ce dialogue sans musique !

Il scrt alors de sa cahute à tâtons, et quelque chose de magnétique l'attire vers elle, qui marche vers lui. Emouvante rencontre, dont les voix et les instruments décuplent l'intensité. Ils sont l'un devant l'autre, et leurs mains droites, les pouces en dedans, se lèvent vers leur front sans le toucher, dans ce mouvement sublime et éternel de statues exprimant la plus profonde douleur. Pendant que le chœur, à l'unisson, psalmodie leur intime désespérance, ils se sont assis en face l'un de l'autre ! Mais bientôt elle se lève, et ses paroles plaintives et tendres ressemblent à un adieu. La main levée devant le front, sa branchette en avant, elle va ; mais, à mi-chemin, elle se retourne encore vers lui. Le prince s'est alors relevé, et sa voix est toute tremblante. Le bâton en avant, avec ce geste pitoyable de l'aveugle il marche à la voix de sa sœur, qui, lentement, fait quelques pas vers lui. Mais c'est bien le définitif adieu : elle sort, et lui se voile les yeux, qui ne voient pas. C'est alors une note aiguë de la flûte qui se prolonge.

Certains drames sont plus purement poétiques et musicaux, tels que le *Vent dans les Pins*, un des plus anciens et des plus beaux du répertoire des Nô, où la danse simultanée ou alternée des deux sœurs autour du pin symbolique est d'une grâce et d'une mélancolie indicibles. Ce drame, tiré d'une antique légende, tout plein d'images destinées à éveiller dans l'esprit de l'auditeur un monde de souvenirs poétiques, est très difficile à comprendre, à moins qu'on ne possède admirablement la connaissance de la vieille littérature japonaise.

En peu de mots, c'est l'histoire de deux pêcheuses de Sûma, d'une grande beauté, qui s'appelaient « Vent dans les Pins » et « Pluie d'Automne ». En rentrant un soir de la pêche, elles trouvent devant leur cabane un pèlerin qui leur demande l'hospitalité. Il s'éprend des deux sœurs et les prend pour femmes ; puis, plus tard, appelé précipitamment loin d'elles, il les quitte, et jamais plus n'est revenu.

Le drame met en scène un bonze qui, passant un jour sur la même plage, voit les bandes de papier commémoratif et funéraire qui flottent aux pins du rivage. Les esprits des deux sœurs apparaissent alors devant lui. Rien ne peut donner une idée de cette étrange et délicieuse apparition. Dans des costumes merveilleux, elles s'avancent légèrement ; entre elles et lui s'engage un dialogue tout plein des plus délicates et poétiques images, qui doivent avoir dans l'imagination d'un étudit japonais une grande puissance d'évocation, comme un leitmotiv de Wagner vient rappeler souvent tant d'impressions antérieures évanouies. L'une des deux sœurs apporte un beau vêtement, le seul qu'ait laissé l'homme qu'elles ont tant aimé, et en revêt sa sœur, qui exécute alors une danse d'une tristesse douce si poignante que c'est à en pleurer.

Il est d'autres drames traversés d'intermèdes comiques, tels que *Adachi gu Hara*, la sorcière qui vit dans la montagne. — Deux chevaliers errants découvrent sa cahute, devant laquelle elle est assise, travaillant au rouet ; elle se plaint de la difficulté de vivre, et les quitte un instant pour pourvoir à leur nourriture, en leur défendant bien toutefois d'entrer dans sa cahute. Epuisés de fatigue, les chevaliers, assis devant sa porte, s'endorment en son absence. Mais leur domestique, curieux d'enfreindre la défense de la vieille, attend que ses maîtres soient bien endormis. Il use de subterfuges comiques pour voir s'ils dorment bien, fait une grotesque et bruyante parade, exécute de fausses sorties : quand il est bien certain qu'ils sont plongés dans un profond sommeil, il entr'ouvre la porte de la hutte de roseaux. Horreur ! elle est pleine d'ossements humains. La vieille revient sur ces entrefaites, transformée en diable ; son masque découvre un horrible rictus, son front est hérissé de cornes. Elle avance, recule, frappe violemment du talon, et son pied dans la chaussette blanche a des crispations nerveuses terriblement expressives. Les chevaliers tentent de l'exorciser en frottant un chapelet dans leurs mains, mais reculent devant sa marche menaçante et terrifiante, jusqu'à ce qu'enfin ils soient parvenus à la mettre en fuite.

Il est d'autres danses enfin plus purement musicales et rythmiques, telles que la *Danse des Lions*, autour du massif des pivoines, qui emprunte un caractère d'inoubliable sauvagerie aux grands masques terribles garnis d'épaisses crinières fauves et blanches.

Chaque drame de Nô est toujours suivi d'un Kyôgen, sorte de farce d'un comique tout extérieur, déclamée et mimée, sans musique, dont la franche gaîté doit détendre un peu les nerfs des spectateurs. Voici, par exemple, un homme dont la femme est toujours malade et qui le déplore. Il rencontre un individu

qui fait parade de ses talents et dans lequel il pense avoir
trouvé un guérisseur ; ce n'est qu'un vendeur d'orviétans, qui
se livre à mille calembredaines à son détriment.

Dans le mouvement si accéléré que les Japonais ont cru
être le progrès, et qui les entraîne vers des destins inconnus,
le Drame de Nô survivra-t-il ? Il serait à tout jamais déplo-
rable qu'il en soit autrement. C'est une des formes les plus
belles de leur littérature poétique, tout imprégnée de Bouddhisme, et il n'est pas de religion au monde qui ait trouvé une
plus délicate forme de prédication. Né dans les monastères
et les temples, comme y furent d'ailleurs pratiquées ancienne-
ment la peinture et la sculpture, joué exclusivement comme
complément au rite, le Drame de Nô ne s'est jamais adressé qu'à
une élite ; il était infiniment trop littéraire pour la foule [1].
C'est une des raisons qui le rendent souvent un peu obscur
à notre entendement. Mais il reste toujours merveilleusement
plastique ; le geste et la marche dansée y sont si souveraine-
ment et clairement expressifs qu'on ne perd pour ainsi dire
rien des sentiments élémentaires qui s'y trouvent traduits.
L'absence totale de mise en scène et d'unités de temps et de

1. Le recueil le plus récent et le plus complet des Drames de Nô est le *Yé-
Kyokou-Tsoukaï*, qui en contient 235, dont la majorité appartiennent au xve siè-
cle, et dont les auteurs étaient vraisemblablement des moines bouddhistes.
M. Ashton, dans sa *Littérature Japonaise* (A. Colin, Paris, 1902), a donné la traduction d'un des plus célèbres, le *Takasago*.
L'étude critique la meilleure sur les Nô fut longtemps celle de Chamberlain :
Classical Poetry of the Japanese.
Mais depuis lors le regretté M. Noël Peri, l'éminent professeur à l'École française d'Extrême-Orient, a fait paraître une remarquable traduction de 5 drames
de Nô, précédés d'une très complète introduction, de la plus forte autorité
1 vol. gr. in-8°, Éditions Bossard, 1921, Paris.

lieu le rapproche d'ailleurs beaucoup des comédies féeriques
de Shakespeare ; de même que l'intervention des dieux et
des héros, que la puissance dramatique, le rôle du chœur, les
masques et la danse l'apparentent étrangement au drame grec.
Moins animé que ce dernier du souffle tragique, le Nô est
avant tout une œuvre lyrique.

Le Japon a jusqu'ici soustrait à la critique occidentale
aussi bien son art que ses Drames de Nô. D'un côté comme
de l'autre, que de révélations sont promises aux audacieux qui
en tenteront l'étude !

LE THÉATRE POPULAIRE

Du drame de Nô, essentiellement lyrique au début, et réservé
à une élite, au théâtre populaire que fréquente le peuple, avec
ses épisodes et ses péripéties servies par les moyens matériels
les plus réalistes, la distance est grande. Mais l'attention
très passionnée avec laquelle sont suivis les deux spectacles
indique assez que le théâtre est un des plaisirs favoris des
Japonais.

Dispersés aux quatre coins de la ville à Tokio, les théâtres
sont à Kyoto plutôt réunis dans le même quartier ; de longues
bannières flottantes aux couleurs vives, des affiches bariolées
où sont figurés les épisodes principaux du drame, les indiquent
suffisamment aux passants. Les salles sont à peu près toutes
semblables : légères constructions de bois, destinées fatalement
à être un jour la proie des flammes, elles comprennent un
parterre légèrement incliné, divisé en un damier de petits

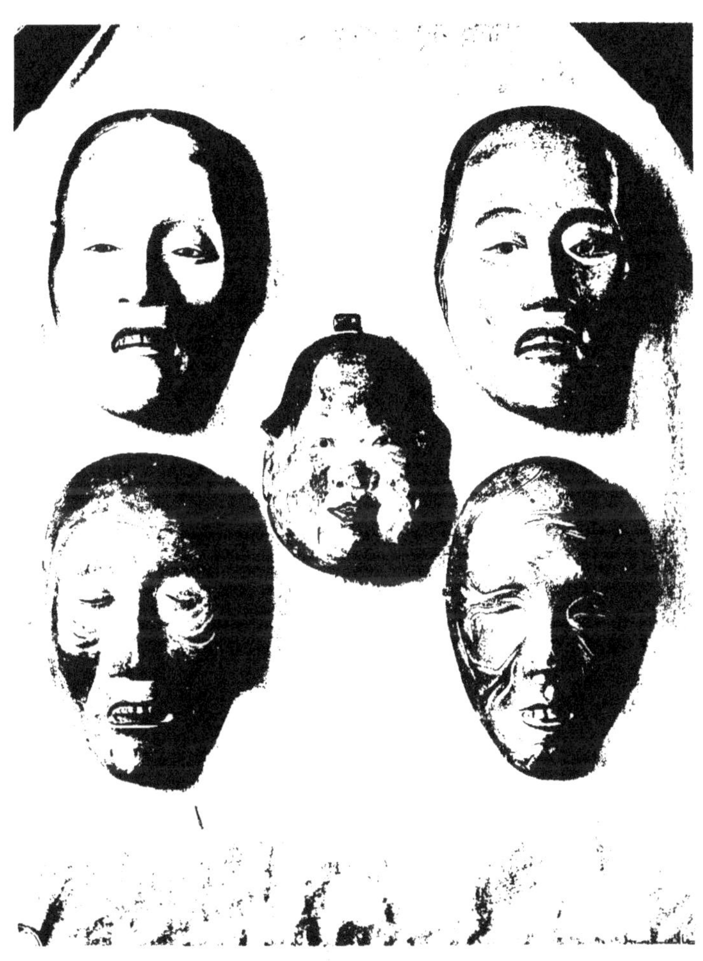

MASQUES EN BOIS LAQUÉ POUR LE DRAME DE NÔ,
XVIIᵉ SIÈCLE.

casiers, où quatre personnes réunies peuvent se tenir accrou-
pies. Deux étroites plates-formes perpendiculaires à la scène
permettent la circulation. Tout autour court, au premier étage,
une galerie divisée en loges de même genre et desservies par
un couloir.

L'aspect de ces salles de théâtre est extrêmement animé,
les spectateurs étant sans cesse en mouvement, à moins que
les moments pathétiques du drame ne fixent leur attention.
Comme les représentations commencent à huit heures du
matin ou à cinq heures du soir pour ne finir qu'à cinq heures
du soir ou à minuit, il existe un long entr'acte, qui permet de
prendre un repas dans la salle même. Les spectateurs sont en
majorité des femmes ; il en est qui ne reculent pas à y apporter
des enfants qu'elles allaitent.

Comme aux Drames de Nô, les rôles y sont tenus exclusivement par des hommes ; mais, dans les drames vulgaires, les
acteurs n'y portent pas de masques, et l'on choisit ceux dont
les traits sont les plus fins pour tenir les rôles de femmes. Le
chœur y existe encore, mais avec une moindre importance que
dans le Drame de Nô, très inférieur en nombre, et relégué
dans une petite loge grillée, qui se trouve sur la scène même.
Un léger accompagnement de la biwa, très sourd, fait au
drame un fond musical continu.

Une très ingénieuse disposition de la salle permet à un
plateau circulaire de tourner sur un axe central, qui lui sert
de pivot, un hémicycle de cette circonférence coupée par la
toile de fond étant seul visible des spectateurs ; et, pendant
que se développe l'action, l'autre moitié du plateau est pré-
parée pour l'acte suivant. Si bien que, quand la scène en cours
d'action est terminée, le plateau exécute un demi-tour, empor-

tant avec lui acteurs et décors, et laisse apparaître sa seconde scène toute prête pour la nouvelle action.

On joue dans ces théâtres des pièces comiques, dans lesquelles les pitreries ont une réelle saveur, et des drames à multiples épisodes, qui s'appuient le plus souvent sur d'anciennes légendes, ou reflètent quelques aspects du Japon des vieux âges. Les acteurs y portent alors de fort beaux costumes, et le spectacle se développe dans d'admirables décors, dont les paysages sont peints par de grands artistes en ce genre.

Le genre de pathétique y semble bien, comme chez nous, à la portée des foules, et le sentiment paternel ou filial, de même que les joies ou les souffrances de l'amour, y trouvent des accents faciles, qui arrachent aux âmes sensibles des larmes qui valent bien celles que versent les spectateurs de nos *Deux Orphelines*. Je pense à telle scène mimée où un père rentre dans sa maison au moment même où vient d'en sortir sa fille, qui le quitte cependant avec douleur pour rejoindre son amant : il fait nuit, elle marche à pas étouffés dans le petit jardin, vers la porte de l'enclos, et se retourne sans cesse pour refaire quelques pas vers la maison qu'elle abandonne avec tant de regrets. Le père qui l'adore, de la maison obscure où il vient de rentrer, suit anxieusement ses mouvements ; et cependant il ne poussera pas un cri pour la rappeler, car il sait quel devoir plus impérieux que la piété filiale la mène vers le fiancé infortuné et repoussé de tous auquel elle va porter la consolation de son amour. Et c'est au moment où, chancelante, elle revient s'appuyer au chambranle de la porte, qu'il jette à ses pieds une bourse comme viatique. A ce moment, la plus poignante émotion étreignait toute la salle, et il fallait alors songer à ce qu'est la famille au Japon, à l'inflexible autorité paternelle, pour sentir tout le dramatique d'un conflit où elle fléchissait devant la loi sacrée de l'Amour.

Il est un fait bien curieux à constater, c'est combien ce théâtre reflète encore avec énergie la sauvagerie et la brutalité d'époques qui sont, en réalité, toutes voisines, puisqu'il n'y a que l'intervalle de deux ou trois générations qui nous en sépare, et combien le public accepte et même approuve la loi de la Force, qui ne recule pas devant la Cruauté. L'acteur doit alors posséder, parmi ses moyens d'expression, une force physique et une souplesse peu communes, car on exige de lui un jeu qui participe souvent de celui de l'acrobate et du clown, comme dans certains films américains où Fairbanks joue le premier rôle.

Voici, par exemple, un héros qui, par suite des circonstances, a dû se faire *rônin*, c'est-à-dire abandonner son clan et vivre en paria, ne devant plus compter que sur sa force personnelle, son courage et son audace. Cette force est surhumaine, et les malandrins soudoyés pour l'attaquer qui viennent s'y frotter l'éprouvent rudement : trois rencontres les mettent en contact avec lui ; il les terrasse de la vigueur de ses poignets sans avoir même à faire usage de ses armes. Ils viennent s'attabler dans une auberge, où, enivrés de *saké*, ils se prennent de querelle avec d'autres buveurs et tuent d'un coup de pique l'enfant qui les sert ; le malheureux, en tombant, porte à sa poitrine une vessie pleine de sang qu'il écrase et dont il simule l'effroyable blessure dont il meurt ; il a alors quelques spasmes, et de petites détentes nerveuses des pieds, qui sont l'horrible réalité même, et deux individus tirent au fond de l'arrière-boutique son corps inerte par un pied, comme ils feraient d'une bête écorchée.

Puis, renforcés d'autres bandits, ils viennent attaquer le

rônin dans sa maisonnette même, qu'ils entourent ; seul contre vingt, sa défense est alors épique. Debout sur la galerie extérieure, il fait face aux assaillants ; les coups de piques et de sabres sont réglés d'une extraordinaire façon, car ce sont de vraies armes qui pourraient faire de réelles et effroyables blessures, et, d'un coup de barillet porté en pleine poitrine, il renverse œ deux mètres de haut dans son jardin un homme qui tombe les bras en croix à plat dos, et, en saisissant un autre par la nuque, il le lance réellement dehors, en lui faisant exécuter un saut périlleux complet. L'excitation du public, poussée à son paroxysme, éclate alors en frénétiques acclamations.

Le grand intérêt du drame japonais, c'est qu'il est demeuré étonnamment *national*, et qu'il correspond intimement aux instincts les plus profonds de la foule à laquelle il s'adresse. Il subira malheureusement la fâcheuse évolution qui tend à entraîner fatalement toutes choses en ce pays dans des directions nouvelles. Kawakami et Sada Yacco n'ont-ils pas tenté de donner une adaptation de *Patrie*, qui, promenée de ville en ville, y recevait un honorable accueil ; et quelques adroits jeunes gens, très occidentalisés, révèlent aux Japonais des vaudevilles d'une drôlerie qui dériderait les habitués mêmes du Palais Royal ou des Nouveautés.

LES LUTTEURS

La troupe de lutteurs est arrivée. De grandes bannières de toile blanche imprimées de caractères rouges et bleus, flottant attachées à de grands mâts de bambous inclinés de

LE THÉÂTRE DES LUTTEURS

chaque côté de la rue, l'annoncent à toute la ville. Il suffit,
d'ailleurs, de traverser le matin ce quartier pour les rencontrer
flânant par les rues, dans leurs légers kimonos, avec leurs
larges faces placides et bestiales, leurs cheveux longs ramenés
sur le sommet de la tête en un petit chignon, leur énorme
stature dominant les petites tailles de tout ce menu peuple
qui circule autour d'eux.

Ils ont dressé leur théâtre de fortune non loin du fleuve,
près du Grand Pont, dans l'enclos d'un temple, et l'on passe
sous le Torii sacré pour aller au spectacle. Une estrade carrée
et surélevée, que les gradins entourent, est abritée d'un balda-
quin de toile que supportent quatre mâts. Au pied de chacun
d'eux, est assis un personnage qui doit suivre attentivement
le jeu, et veiller à ce qu'aucune infraction ne soit apportée à la
règle. Tout autour, la rumeur de la foule ne s'apaise qu'aux
moments les plus palpitants de la lutte. Sans division de
classes, cette foule est mêlée, avec une plus grande proportion
de gens du peuple et de gueishas, qu'attire sans doute leur
admiration pour ces hommes de haute stature.

Mais voici qu'un homme s'avance sur l'estrade. Il est vêtu
du costume raide, à la large culotte, à la veste de soie, et porte
sur le sommet de la tête un petit bonnet noir, comme ces personnages qu'on voit dans les beaux makimonos de l'École de
Tosa ; il tient à la main un éventail éployé. D'une voix de fausset
il annonce les noms des lutteurs qui vont paraître, et marche
d'un pas hésitant et comique.

Les deux champions se lèvent du premier rang des gradins,
où ils attendaient leur tour ; à pas lents ils gravissent quelques
marches. Les voici sur l'estrade ; ils vont se pencher au pied
d'un des mâts, et puisent d'un petit godet de bois longuement

emmanché l'eau fraîche d'une grande cuve. Ils boivent une
gorgée, qu'ils rejettent aussitôt, et s'essuient les lèvres d'une
feuille de ce papier souple végétal, qui sert communément à
bien des usages de la vie, et particulièrement de mouchoir.

Puis, toujours avec lenteur, ils avancent l'un vers l'autre
au centre du cercle qu'une grosse tresse nattée limite. Bien
face à face, ils fléchissent sur les jarrets, font craquer leurs
jointures, leurs lourdes mains appuyées aux cuisses ; totalement nus, la peau luisante, une large ceinture de soie noire
passant plusieurs fois entre leurs jambes ceint leurs reins, laissant tomber ses longues franges sur leurs cuisses. Et leurs
paumes touchant le tapis y sèchent leur épiderme au sel qui
s'y trouve répandu. Il en est d'énormes dont le ventre mou est
gonflé comme une outre. D'autres, gigantesques, bien pro-
portionnés, donnent l'impression d'une force surhumaine.

Ils s'observent longuement, lèvent comme d'un grand
effort leur pied, qui retombe lourdement sur le plancher
comme pour y adhérer fermement. Puis la pose leur semble sans
doute mauvaise, et les voici qui lentement retournent au
baquet d'eau pour y boire une nouvelle gorgée, avant de
reprendre position face à face. Enfin, après de longues prépara-
tions et une très longue attente, où l'effort de leur surveillance
et de leur attention fait ruisseler leur peau, ils se jettent l'un
sur l'autre, s'enserrant de leurs bras musculeux, et leurs mains,
glissant sur la peau luisante, saisissent solidement la ceinture
de l'adversaire.

Les crocs en jambes ne sont pas interdits, mais les belles
luttes sont celles où le seul effort des muscles réussit à faire
bouger l'adversaire, dont les pieds arc-boutés semblent fermement rivés au plancher ; il semble qu'ils doivent sentir dans

DANSES DE GEISHAS
DANS UN RESTAURANT DE KYOTO

ce corps-à-corps le moment où les muscles de l'autre peuvent avoir une passagère défaillance, en profiter pour le rejeter de côté, le faire sortir du cercle, ou, d'un brisement des reins, le coller dos au sol. Mais il arrive qu'une formidable tension permette à ce dernier de retrouver son équilibre, que ses pieds retrouvent le plancher pour s'y incruster de nouveau, et qu'il reprenne l'avantage. L'avertisseur, dans son costume raide, son petit éventail à la main, tourne constamment autour d'eux et glapit en les excitant à vaincre.

La lutte est suivie avec un palpitant intérêt, et la victoire saluée par des hurras frénétiques, où entre parfois la joie d'avoir gagné un pari sérieux. Les deux champions se séparent, descendent de l'estrade chacun de leur côté, pour faire place à d'autres.

La fin de la dernière représentation est marquée par la distribution des prix à ceux qui ont remporté le plus grand nombre de fois l'avantage. Le principal vainqueur reçoit un arc d'honneur. Il fait alors face à la foule, la salue de l'arc tendu au bout de son bras selon les rites consacrés, puis, le faisant voler au-dessus de sa tête, lui imprimant un mouvement de moulinet, scandé de présentations à bras tendu, une jambe en avant, il est salué des clameurs de la foule en délire.

LA DANSE ET LES GUEISHAS

Il est peu de rouages dans la société japonaise qui fonctionnent avec plus de facilité et de souplesse ; et le plaisir, comme les autres faces de la vie au Japon, y revêt ces apparences artistiques qui la rendent si délicate et si attrayante.

Les écoles de danse y sont si fortement organisées, les mœurs
en ont si bien respecté les traditions essentielles, qu'on peut
dire d'elles qu'elles sont une institution d'Etat ; dans chaque
ville, un ou plusieurs groupes d'écoles de danse ont un bureau
de comptabilité, dont le mécanisme est admirablement adapté
à sa fonction. Et chaque école, à la tête de laquelle est une
directrice, repose sur un ensemble de traditions éducatrices
qui, par un jeu gradué d'exercices d'assouplissement continus,
de répétitions quotidiennes musicales, poétiques et chorégra-
phiques, entraînent la fillette de douze ans, qui s'y trouve
engagée comme *maïko*, à devenir à dix-sept ou dix-huit ans la
gueisha, c'est-à-dire un être délicieux, comme aucune civilisation n'en a produit depuis la Grèce, musicienne, chanteuse et
danseuse, artiste et courtisane, faite pour toute la gamme des
plaisirs que l'homme veut trouver réunis quand il s'évade de
son intérieur, et qui apporte dans la maison de plaisir où ont
lieu ces petites fêtes son éternelle gaîté, sa grâce distinguée et
spirituelle, la délicatesse de ses dons artistiques, et cette décence
dans le plaisir qui est un raffinement de plus ; à cette décence
nous ne trouverions à opposer que l'ignoble débauche de nos
restaurants de nuit.

On voit danser les gueishas de deux façons, et chacune
d'elles a son charme et son intérêt particuliers : dans les maisons
de thé, où elles sont convoquées à venir divertir les convives
durant et après le dîner qu'ils y font, ou sur un théâtre spécial
où ont lieu, à certaines époques de l'année, de grandes fêtes de
danses qui durent plusieurs jours. Dans l'une, le plaisir est plus
intime et plus délicat ; dans l'autre, l'intérêt artistique est
beaucoup plus complet.

Vous vous êtes rendu vers cinq ou six heures dans la

GEISHAS DE KYOTO

maison de thé où la réunion doit avoir lieu ; on vous conduit dans une vaste salle, dont les nattes sont d'une irréprochable finesse, les bois infiniment précieux et joliment travaillés, les *fusumas* ou papiers des portes glissières d'un or ou d'un argent bien patinés ; un kakemono et quelques admirables branches ou tiges fleuries dans un vase décorent le tokonoma ; vous n'avez qu'à vous asseoir sur le coussin, à côté du brasero et à attendre que la fête commence. Peu à peu, à l'autre bout de la salle, au tournant d'une des portes largement ouvertes, une figure apparaît, puis deux, puis trois, se prosternant de très loin, sans même oser, à cette première approche, franchir la porte ; et, à petits pas pressés, les pieds en dedans dans leurs chaussettes épaisses d'un blanc immaculé, les petites servantes viennent devant chaque convive se prosterner de nouveau. Elles apportent le petit plateau en bois laqué monté sur un pied carré, sur lequel sont posés quatre bols à couvercles de bois laqué ou de porcelaine décorée, renfermant les premiers mets du repas ; l'un d'eux est vide pour le riz qu'on apportera à la fin, tout fumant, éclatant de blancheur, dans la lourde boîte laquée de noir. Une petite coupe doit servir aux libations de saké, et un étui de papier renferme les deux baguettes (fourchette) encore prises dans la même tige de bois à demi fendue. Voici le délicieux bouillon de poisson parfumé de quelques zestes de citron, où furent macérées quelques algues marines ; puis voici, emprisonnées dans une crème d'œufs battus et figés, quelques tranches d'anguilles, mêlées de champignons, de raves de lotus ou de bulbes de lis ; dans un petit ravier, des tranches de poissons crus attendent d'être trempées dans une sauce brune pour devenir le plus savoureux, le plus frais et le plus digestif des aliments ; d'autres poissons sont grillés ou frits, ou de petits quartiers de langoustes trempent dans un bouillon d'épices assez fortes. Les viandes sont rares, parfois quelques petits morceaux de poulet ou de canard accommodés avec de larges tranches de gros panets ; ou bien un salmis de petits oiseaux, alouettes ou bécassines. Mais la base du repas, c'est le riz bien gonflé, sans ombre d'assaisonnement, qui n'arrive qu'à la fin, dont on mange deux ou trois écuellées, et qui apporte au palais sa fraîcheur, sa saveur presque insensible. Le thé n'apparaît encore qu'après lui, et bien souvent on le mélange aux derniers grains de riz qui restent au fond de la coupe. Il est léger, et sa fine amertume n'est corrigée par aucun sucre. Le repas finit enfin par quelques rondelles de rave fermentée, dont une sauce pimentée augmente encore la force, et qui tient lieu au Japonais de fromage.

Si vous êtes un délicat gourmet, vous ferez, dans certain restaurant fameux, perdu dans un bas quartier de Kyoto, un repas exclusivement composé de la spécialité de la maison, la soupe à la tortue, coupée en petits morceaux dans une sauce longue faite de saké et de jus de citron bouillis.

Mais voici qu'au cours du repas, au bout de la grande salle où pour la première fois apparurent les petites servantes, au même tournant de la porte-glissière, de nouvelles figures sont apparues, et, avec la même timidité, une à une, se prosternant sans même franchir le seuil, de délicates personnes s'avancent à petits pas, frôlant les nattes, se prosternent encore au milieu de la vaste pièce et s'arrêtent devant chaque convive en un profond et lent salut. Ce sont les *gueishas*. Elles sont infiniment plus distinguées que les servantes ; leurs traits sont plus fins, leur teint avivé de fard, leurs coiffures noires lissées et luisantes d'huile de camélia arrangées avec un art plus savant ; leurs

costumes, tout en gardant la sévère tenue de leurs couleurs
neutres, sont faits d'étoffes plus riches sur lesquelles tranche
seulement la fantaisie colorée de la large ceinture, l'*obi*. Elles
se sont assises sur leurs talons devant vous et veillent, à partir
de ce moment, à vous servir et à ne jamais laisser vide la coupe
de saké, d'où résulte un très grand profit pour la maison. Il
est de très bon ton, à certains moments, de tremper la coupe
de saké dans un grand bol d'eau claire, de la faire remplir à
pleins bords et de la leur tendre afin qu'elles y boivent à leur
tour.

Mais d'autres jeunes personnes les ont suivies, et toujours
n'arrivent jusqu'à vous qu'après les salutations rituelles ;
celles-ci, presque des enfants, le visage pour ainsi dire totalement émaillé de fard depuis la nuque et le cou jusqu'à la
racine des cheveux, les lèvres sanglantes de carmin, portent
de splendides robes ramagées de fleurs et d'oiseaux aux couleurs vives, des obis éclatants et de petites couronnes de fleurs
artificielles dans les cheveux. Ce sont les *maïkos*, les petites
élèves, marchant généralement deux par deux, qui viennent
s'asseoir auprès de vous, semblables à deux petits oiseaux des
îles frileux sur une branche.

La matrone qui accompagne tout ce petit monde a fait un
signe, et deux ou trois gueishas se sont levées, puis vont s'asseoir au fond de la salle, face aux convives. Des étuis de soie
sortent les *shamisen* ; elles les accordent et commencent à
chanter. Les voix sont rauques et glapissantes, entrecoupées de
hoquets ou de miaulements suraigus ; elles déroulent de monotones mélopées, d'un rythme plus ou moins vif, qu'interrompent souvent des interjections brèves, assez analogues au
« Ollé ! Ollé ! » des malaguenas espagnoles, destinées à stimuler

les mouvements des danseuses. Quelques gueishas se sont levées, et trois ou quatre sur la même ligne exécutent une danse à mouvements et gestes symétriques ou contraires, où toute la grâce expressive vient de ces jolies mains, si fines, si longues, dont les doigts souples ont un langage si varié, de ces pieds si nerveux et si vifs qui frappent le plancher d'un coup de talon bref et sauvage, se redressent sous la jupe entr'ouverte, et crispent leurs doigts mobiles sous la souple chaussette de fine toile, ou glissent sur les nattes qu'ils effleurent comme un vol d'oiseaux blancs. Les têtes à hautes coiffures, aux coques savamment ondulées, ont de gracieux mouvements d'inclinaison, alors que le visage doit rester totalement inexpressif. De souples écharpes de soie voltigent parfois entre les mains ; leurs longues manches décrivent autour de leurs têtes de grands mouvements onduleux d'ailes de goélands, et les jolis éventails dépliés, repliés, agités, ou lancés et rattrapés dans l'air, sont un des accessoires les plus charmants de ces danses légères.

Mais parfois l'une d'entre elles exécute seule une danse d'une beauté plus absolue, d'un style plus impeccable, où toute une action infiniment poétique déroule ses lentes péripéties, mimée par la grâce des mouvements, l'accent précis de certains gestes expressifs, qui évoquent aux yeux des amateurs toute une succession d'impressions poétiques, dont leur mémoire et leur imagination sont richement pourvues.

C'est plus particulièrement sur le théâtre que ces beaux poèmes dansés sont représentés. La salle d'une maison de thé n'est pas la scène qu'il faut à leur expressive beauté. Au bout de quelques heures, l'hiératisme des charmantes gueishas s'y trouve rompu par la familière gaîté de petites réunions de ce genre, où le saké a joué son rôle corrupteur. Elles dansent maintenant en souriant, puis en riant, et, s'il plaît à un convive de venir se mêler à la danse, il le peut faire, mais ce n'est plus qu'un jeu qui a perdu sa grâce et son impassibilité.

Ces représentations théâtrales sont rares, quatre ou cinq fois dans l'année, et c'est surtout à Kyoto, où les écoles de danse ont conservé les plus belles traditions, qu'il faut y assister. A de longs intervalles, il peut arriver qu'une vieille directrice d'Ecole prenne sa retraite : les plus célèbres gueishas tiennent alors pour un honneur d'apporter à ces représentations, qui durent parfois toute une semaine du matin au soir, l'éclat de leur présence. La scène est très vaste, les décors variés, la partie musicale beaucoup plus importante, puisque six ou huit joueuses de *shamisen*, autant de chanteuses y prennent part. Les personnages peuvent y évoluer en plus grand nombre, et il n'est point rare d'y voir six à huit danseuses en scène à la fois ; les costumes et accessoires y sont aussi d'une richesse et d'un goût délicieux, dont on jouirait bien davantage si l'éclairage de la scène ne laissait tant à désirer, avec ces grands cierges fichés sur des tiges de fer, dont la lueur douteuse fatigue et dont les flammèches retombantes sont une crainte perpétuelle d'incendie.

CHAPITRE IX

LES FÊTES DU THÉ

LE CHA-NO-YOU. — SON ANCIENNETÉ. — LES TRADITIONS. — LE
CARACTÈRE RITUEL DE CETTE CÉRÉMONIE. — LE CHA-KAI, SES
RAFFINEMENTS DE GOUT.

Châ-No-You. — Il n'est peut-être pas dans la vie du
Japonais de coutume où on le sente plus passionnément
attaché à ses traditions ; car il n'en est pas où les rites surannés
et la lenteur cérémonieuse soient en plus complète opposition
avec le positivisme et l'activité trépidante dont l'Occident lui
a donné l'exemple.

La cérémonie du thé remonterait à une époque très ancienne, s'il est vrai que certains prêtres de la *secte Zen* y voyaient
déjà une salutaire influence pour les tenir éveillés au cours de
leurs offices de nuit, et s'il est exact que l'abbé Eisai en ait
déjà formulé les règles pour arracher le Shôgun Sanetomo
(Minamoto) aux délices du vin au commencement du XIIIᵉ siècle. Ce premier cycle, religieux, fit bientôt place, vers le milieu
du XIVᵉ siècle, à un cycle de divertissements mondains entourés
du plus grand luxe : les Daïmios les organisaient dans leurs
palais, au milieu des plus belles choses de leurs collections,

SUZUKI HARUNOBU
1725-1770.

OKUMURA TOSHINOBU
ENTRE 1725 ET 1740.

ESTAMPES SUR BOIS GRAVÉES EN COULEURS.

pendant que brûlaient dans les cassolettes les encens les plus rares. Et, après des repas d'un étrange raffinement, c'était un jeu de société pour l'invité, auquel le maître posait la question d'indiquer le cru du thé qu'on lui avait servi. Une heureuse réponse lui assurait immédiatement le don d'un des merveilleux objets qui l'entouraient, mais il ne lui était pas loisible de l'emporter, car tous ces beaux objets étaient destinés à la troupe de gueishas qui avait apporté le charme de ses divertissements à cette petite fête. Les règles de ces cérémonies furent d'ailleurs fixées par Yoshimasa, quand, abdiquant le Shôgunat après 1472, il se retira dans son délicieux temple-palais de Ginka-Kuji, à Kyoto, en compagnie de ses deux favoris, les abbés Shuko et Shinno. Ce dernier était un raffiné connaisseur et fut le premier à inventer certaine cuiller à thé que, depuis lors, tout grand amateur de thé dut confectionner lui-même à son usage dans la plus jolie tige de bambou.

Au cours des XVe et XVIe siècles, ce fut comme une folie ; le don d'un bol en poterie était la plus haute marque de faveur qu'un inférieur pouvait recevoir de son supérieur ; dans les plus grands désastres, on sauvait avant tout les objets de la cérémonie du thé, et l'on cite des seigneurs qui, dans leurs châteaux pris d'assaut, moururent un bol de thé dans la main. Nobunaga et Hideyoshi. ces deux rudes guerriers, furent des fanatiques des cérémonies de thé. Hideyoshi, au cours de l'automne de 1587, lança même un véritable édit, enjoignant à tous les amateurs de thé de l'Empire de se réunir sous les pins de Kitano, près de Kyoto, en apportant tous leurs objets d'usage pour cette cérémonie, qui dura dix jours, au cours desquels Hideyoshi vint en personne boire avec chacun, nobles ou paysans.

Peu de temps après, en 1594, Hideyoshi convoqua en son château de Fushimi les chefs des principales écoles de thé du royaume : l'un d'eux était Sennô Rikyu, qui le premier colligea, purifia et codifia les règles de la cérémonie du thé, et lui imprima le caractère de simplicité et les règles du goût le plus sévère, le plus châtié, qu'elle a toujours conservées depuis lors. La doctrine, l'impérieuse discipline et les règles de rigoureuse étiquette auxquelles tout participant doit encore obéir sont l'œuvre bien personnelle de Rikyu ; mais il ne sut pas apporter dans sa vie une règle morale aussi stricte, et Hideyoshi, lassé plus tard de sa vénalité et de ses larcins, lui envoya un jour l'ordre de se donner la mort.

Il faut être au Japon de la toute basse classe pour ne pas avoir en sa maison cette petite pièce si particulière qu'on nomme le *tchâ-séki*, tout spécialement affectée aux cérémonies du thé. Elle est fort exiguë, tout juste assez grande pour contenir les six personnes qui y participent ; elle est garnie des bois les plus précieux et les mieux amenuisés de la maison ; elle possède, comme toute autre pièce, un petit tokonoma pour recevoir le kakemono et le vase avec une fleur ou une branche, un renfoncement avec une porte-glissière par où doit se faire le service, et un plafond qui suit l'inclinaison du toit vers le mur extérieur ; de ce côté, sur le jardin, est un tout petit châssis ouvrant au ras du plancher, une véritable chattière, par laquelle on ne peut entrer qu' « à quatre pattes », si j'ose m'exprimer ainsi. Et c'est cependant par cette unique ouverture que l'accès du tchâ-séki vous est permis, après que le maître vous a promené préalablement dans son jardin, en posant de pierre plate en pierre plate des pieds chaussés de sandales de paille, et après vous être assis quelques instants

TORII KIYONAGA 1752-1815.

UTAMARO 1753-1806.

ESTAMPES SUR BOIS GRAVÉES EN COULEURS.

sous un petit abri de banc rustique installé devant le plus joli point de vue, très limité et borné comme dans tout jardin japonais respectable.

Un à un, les cinq invités se sont déchaussés et glissés par la chattière dans le tchâ-séki. Ils y prennent place, assis sur les talons, sur un coussin de soie, l'invité qui doit être plus particulièrement honoré à côté du tokonoma. La porte-glissière s'ouvre, et le maître paraît ; il porte sur un plateau de laque tous les ustensiles nécessaires à la cérémonie. Si la fête est complète, elle doit être précédée d'un dîner, qu'il sert lui-même à ses invités, car il est de règle qu'aucun serviteur n'y doit paraître.

Il salue en s'inclinant de tout son corps, agenouillé, le front touchant presque les nattes, et les invités doivent lui rendre très bas aussi son salut. A partir de ce moment, un silence presque rigoureux doit être observé tant que la cérémonie déroulera ses rites ; il est de bon ton que le principal invité apprécie cependant congrûment la beauté du kakemono dans le tokonoma.

Le maître a découvert un étroit carré dont est percé le plancher et essuie d'une légère plume d'oie les rebords laqués du foyer, garni de cendres teintées de thé. Avec des baguettes d'argent, il saisit quelques braises ardentes dans un grand réchaud de fer martelé ; il les avive avec une branchette de fusain teinte en blanc, et les saupoudre de quelques grains d'encens, dont la pièce est instantanément embaumée. Il y place la théière de métal qu'il a remplie de l'eau d'un beau *mitsusashi de Tamba* ou *de Karatsou*, puisée à l'aide d'un godet de roseau longuement emmanché d'une tige de bambou. Puis, à l'aide d'une légère spatule, d'une courbe infiniment gra-

cieuse, prise à la tige noueuse du plus fin bambou bruni ou
piqueté, il prend quelques pincées de poudre de thé verte,
qu'il dépose au fond d'un splendide bol de *Corée* ou de *Rakou*.
Selon les saisons de l'année, le bol doit être à bords plus ou
moins évasés ou droits. Il y verse l'eau bouillante de la théière,
et remue, à l'aide d'un blaireau de rotin dont les poils sont
formés des ébarbés souples du bois, la mixture dont l'épaisse
mousse verte va s'épaississant. Il présente alors, avec un profond salut, le bol au principal invité, qui répond d'un salut
semblable, en boit une gorgée dont l'amertume est terriblement âpre à la gorge, et le repasse à son voisin ; l'épaisse infu-
sion doit en effet suffire aux cinq personnes présentes, qui
chacune à leur tour essuient d'un papier fin le bord du bol où
elles ont bu ; le dernier n'y trouve qu'une boueuse lie, qu'il
avale en la humant. Le bol repasse alors de main en main ;
des traînées de mousses vertes en tapissent encore les parois
intérieures, étranges sur le fond d'émail noir ou rose des
Rakou, sur la couverte blanche ou grise des Coréens ; chacun
en vante alors la matière, rit aux fantaisies des coulées trans-
parentes parfois solidifiées en globules vitrifiés, cherche à
préciser l'atelier d'origine en résolvant l'énigme qu'aime à lui
proposer le possesseur. Puis le bol revient entre ses mains ; il
le rince, l'essuie, en fait de même pour tous les objets qui
viennent de lui servir, remet toutes choses en ordre, recouvre
le foyer de son couvercle laqué, et sort non sans avoir encore
salué ses invités du plus cérémonieux salut.

L'office est terminé, car c'en est un, avec ses rites consacrés,
son ensemble de règles formelles par lesquelles ont été fixés
une fois pour toutes le moindre acte, le moindre geste. Les
invités sortent à reculons par la petite chattière par laquelle

ESTAMPES SUR BOIS GRAVÉES EN COULEURS.
1. HIROSHIGHÉ, 1797 ?

ils sont entrés, et retrouvent dans le jardin, le maître qui les y a précédés.

Cha-kai. — Traduisez littéralement : « Réunion sous prétexte de thé ». A certains jours, quelques amateurs d'une même ville s'entendent pour organiser dans leurs demeures, plutôt spacieuses, des petites réunions de ce genre. Les invitations sont lancées, et il est loisible ainsi aux invités de se rendre de l'une à l'autre. Dans chaque maison, un serviteur est préposé dans une des chambres à la distribution du thé et des gâteaux de haricots ; en entrant, vous vous prosternez, le front touchant presque le plancher, les deux paumes s'y appuyant. On s'assied sur les nattes, agenouillés, les talons supportant le poids du corps légèrement affaissé en arrière ; dans de petites tasses sans anse est versé le thé clair et léger, sans sucre, à l'âpre saveur amère. Il est admis qu'on ne mange pas la pâte de Savoie glacée de sucre qui vous est présentée, mais vous devez l'envelopper dans une feuille de ce papier souple et fin fait de fibres végétales, — dont tout Japonais porte toujours un cahier sur lui, — et l'emporter.

Chaque amateur ayant avec l'hôte des relations amicales a tenu à collaborer à la décoration de la maison, et c'est à admirer toutes ces choses qui s'y trouvent réunies que vous êtes avant tout convié. Aux murs sont accrochés des *kakemonos bounjin*, c'est-à-dire d'un goût littéraire, dans lesquels l'intelligence comme les yeux doivent trouver leur part de plaisir. Ils sont en général de la fin du XVIIIe siècle ou de la première moitié du XIXe, et peints dans la pure tradition chinoise ; ce sont les paysages de montagnes à pics aigus, à plusieurs plans étagés, avec des torrents coulant dans de profondes gorges, dans la plupart desquels ne se sent plus aucune impression

directe de la Nature, mais de sèches formules vides de sentiment. Le goût occidental ne comprendra jamais les prix fort
élevés auxquels sont disputées dans les ventes publiques les
œuvres célèbres de Chikuden ou de Bouson.

Dans de grands plateaux sont posés, avec un goût rare des
valeurs, de beaux fruits éclatants, des *kakis*, des pêches et des
pommes rouges ; il semble qu'ils sont préparés pour être peints
en natures-mortes par un Gauguin. Dans de vieilles vanneries
aux sombres patines, dans des vases de grès ou de bronze sont
arrangées, avec un art savant, une tige de fleur, une branche
chargée de ses fruits, et des écoles nombreuses que fréquentent
les femmes et les jeunes filles ne se livrent pas à d'autre enseignement, basé sur les plus anciennes traditions. Avec quel art
raffiné se trouvaient réunis dans un beau céladon une branchette de bois très vermoulu, tigrée de mousse, et une autre
branchette portant à son extrémité une grenade écarlate,
entr'ouverte et prête à la chute !

Dans d'autres, le *sanquirai* dressait sa tige aux baies jaunies
et rougeâtres ; le *mozouren* étendait horizontalement la sienne
garnie de petites feuilles et d'une longue crosse crevée, où
apparaissaient serrés de petits fruits écarlates. L'*aqueto*, qui
fleurit en crête de coq, épanouissait comme une fleur ses grandes feuilles jaune d'or ou rouges, dont l'extrémité est encore
demeurée verte avant que les tons éclatants de son déclin
ne l'aient gagnée. Et, dans de petites jardinières de porcelaine
décorée, des arbustes nains, érables ou pins, dirigés par la
savante orthopédie du jardinier, se dressaient avec la majesté
et les belles proportions d'arbres centenaires, étendant des
rameaux noueux et tordus.

Sur de petites tables basses laquées, aux pieds recourbés,

ÉCRITOIRES EN LAQUE, DÉCOR OR SUR FOND NOIR OU D'AVENTURINE,
ÉPOQUE DES TOKOUGAVA XVIIe SIÈCLE.

ÉCRITOIRE EN LAQUE AVEC INCRUSTATIONS D'ÉTAIN ET DE NACRE,
PAR OGATA KORIN, FIN DU XVIIe SIÈCLE.

de belles choses sont exposées : des grès de Corée, des bronzes, des laques. On les prend, on les regarde et on les juge. De quelles mains pieuses et ferventes le vieux *Châ-jin* aux lunettes d'or, à la calotte de soie noire, avait pris doucement, en le caressant, un *Kogo* de jade d'améthyste mourante, dont le couvercle avait été pris dans une veine jaunie du jade, et l'examinait longuement. Comment ne pas sentir en ce geste toute la religion de la Beauté ?

CHAPITRE X

LES JARDINS

LEUR CARACTÈRE TRÈS SPÉCIAL, PLEIN DE SIGNIFICATIONS ÉSO-
TÉRIQUES. — LEURS FORMES. — LES JARDINS IMPÉRIAUX DE
KYOTO. — LE JARDIN KOISHIKAWA, ET LE JARDIN DU BARON
IWASAKI A TOKIO.

Le jardin japonais est une création ésotérique, pleine de
significations mystérieuses, qu'un Européen peut assez difficilement pénétrer. Il n'est point nécessairement, ainsi qu'on
s'est plu à le dire, de dimensions tout à fait exiguës, bien que
ses limites en soient généralement fort étroites dans les
demeures modestes des villes, où quelques mètres carrés de
pierres et d'arbustes nains suffisent fréquemment au rêve de
celui qui l'a dessiné. Mais, dans les beaux jardins de plus vaste
étendue, l'horizon est toujours borné, comme si l'âme japonaise
aimait le repliement, et préférait aux lointains espaces, où la
pensée se perd, les humbles limites où son rêve se précise, se
condense et s'exprime toujours en quelques traits poétiques
d'un surprenant raccourci.

Au lieu d'affecter, comme le jardin français, la forme symé-
trique, logique, comme un plan d'architecture, le jardin japo-

nais, ainsi que le jardin anglais, suivit des formes plus fantaisistes et plus sinueuses, à plans plus variés, en profitant des accidents du terrain, quand il ne les provoquait pas. Mais c'est une création plus pénétrée d'Art que ne l'est le jardin anglais, attendu qu'il n'est pas une de ses formes ou un de ses éléments qui n'aient été longuement médités, étudiés, choisis, et qui ne portent en eux un sens historique, religieux ou poétique extrêmement fort, susceptible d'évoquer, en l'imagination de ceux qui le parcourront, tout un monde de souvenirs ou d'émotions. Tel site reproduira en miniature un des paysages célèbres du Japon, un de ceux qu'ont chantés les poètes, qu'ont reproduits les peintres, et qu'on continue à vénérer en des pèlerinages traditionnels ; d'autres évoqueront de grands souvenirs historiques où le patriotisme trouve des sources intarissables d'exaltation ; d'autres auront une signification bouddhique plus profonde et plus mystérieuse encore. Ils seront toujours prétextes objectifs à des idées abstraites, comme celles de Paix, de Pureté ou de Vieillesse. Et ces idées seront alors exprimées par les formes les plus raffinées auxquelles devra se prêter la Nature. Elle est ici humble sujette, et le jardinier la soumet à sa volonté. L'arbre aura une croissance dont toutes les étapes ont été prévues d'avance, et qui doit l'amener à la forme que de longs siècles d'observation ont fixée à jamais. Et c'est une merveille de voir combien l'artiste a su lui conserver la personnalité de son caractère, la beauté de son port, le développement de ses lignes, et qu'il semble l'avoir dirigé dans le sens suprême d'amplitude et de noblesse où il produira son maximum d'effet. Tel petit pont de pierre devra rappeler par sa courbure et la ligne souple de sa balustrade tel pont célèbre de l'Empire, comme telle pierre, apportée à grands frais d'une région très lointaine, suggérera une idée profonde, religieuse ou morale, qui sera la source et le centre d'un enchaînement continu d'idées et de sensations. L'Art des Jardins est un art complet, basé sur un ensemble de préceptes et de règles, soumis, on peut le croire, à toute une exégèse, et les Ecoles diverses en soumettent les principes à des interprétations variées. Et le doux rêveur occidental qui vient demander à ces délicieux jardins solitaires des sensations, et rien que des sensations, ne se doute pas du monde d'idées dont ils sont pénétrés, et dont l'innombrable évocation viendrait appesantir sa marche. Parcourons-les en ne leur demandant que des impressions de Nature ; elles naîtront si nombreuses et si fraîches sous nos pas que peu de jardins au monde sauraient nous en laisser de plus vives.

Quelques-uns de ces beaux jardins sont à Kyoto, et furent les délicieuses retraites où quelques souverains du Japon, las du pouvoir, épris de silence, d'oubli et de paix, venaient s'enfermer en compagnie d'amis fidèles ou de conseillers artistiques, pour y couler des jours paisibles au milieu de plaisirs poétiques et artistiques du plus suprême raffinement. Voici *Kinkakuji*, le pavillon doré, que créait en 1397 *Ashikaga Yoshimitsu*, élégante et fine construction au bord d'un petit étang, avec ses trois étages, dont l'étage supérieur était entièrement doré, plafonds, murs et planchers, ainsi que les balcons qui couraient autour de la galerie, et l'auvent du toit qui l'abritait ; ces beaux laques riches et patinés se mirent encore à la surface tranquille du petit étang enfermé dans sa ceinture de beaux arbres. Etroite retraite, si loin du monde bruyant, sans échappée de vue, sans lointains, limitée par la colline forestière à laquelle elle est adossée, et que sillonnent d'étroits

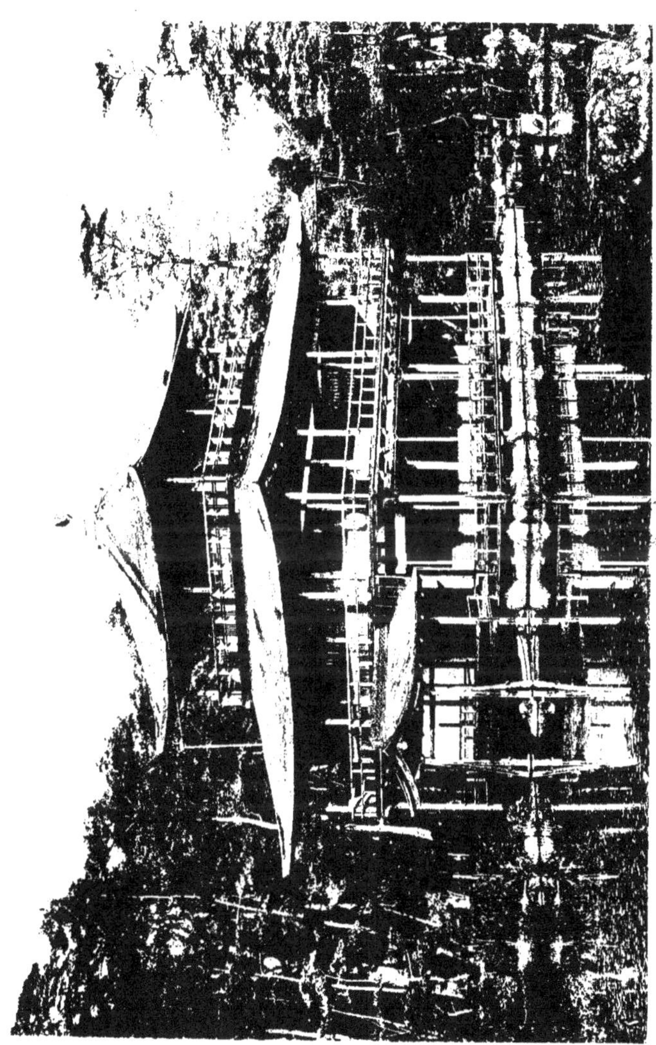

KINKAKU-JI (ROKOUIONJI-YAMASHIRO),
LE PAVILLON DE L'OR D'ASHIKAGA YOSHIMITSOU
XVe SIÈCLE.

sentiers menant à ces petites constructions éparses où se célébraient les cérémonies du thé ; le Shôgun assistait ainsi à la chute lente des heures, au milieu des rites compliqués où se serait énervée toute libre activité

Ginkakuji, le pavillon d'argent, est dans un site plus intime encore, et c'est une création plus essentiellement intellectuelle. Tout vain bruit du monde a expiré bien loin de ces régions où les grands arbres des forêts qui couvrent les pentes de la montagne d'Hiei-Zan versent une paix profonde. Le Shôgun *Ashikaga Yoshimasa* l'avait élue, en 1479, après son abdication. Au milieu des immenses arbres de cette région forestière légèrement éclaircie, on ménagea le plus délicieux des jardins, aux allées contournées, aux massifs de formes précises ; les eaux de la montagne canalisées alimentèrent un étang où les lotus étalèrent leurs raquettes ; et deux monticules de sable blanc, aux plates-formes nettement nivelées, étaient les sublimes sommets où se débattaient les plus graves questions esthétiques. Soami et Shuko, les grands artistes compagnons favoris du Shôgun, avaient été ceux qui avaient dessiné le plan de ces jardins pour y célébrer leurs jolies fêtes cérémonieuses.

A l'autre extrémité de l'immense vallée où Kyoto s'étale languissamment, au bord de la rivière Katsura, s'étendent les grands jardins de Katsura, qui sont devenus aujourd'hui une des résidences d'été du Mikado. Ce n'est plus l'étroit jardin dont quelques enjambées ont fait le tour, mais un véritable parc avec la diversité de ses aspects. Ici tout dut être créé, car on est au milieu de la plaine, et aucune forêt préalable ne dut fournir l'ombre et la poussée de ses grands arbres. Un bois épais de bambous limita la vue du côté de la vallée, et l'eau du fleuve fut dérivée pour fournir son débit à un grand lac semé d'îlots reliés par d'étroits ponts de pierre. De grands rochers y éveillent sans doute des souvenirs précis ; des arbustes y apparaissent taillés en formes très artificielles non sans raisons ; des lanternes de pierre apportent de place en place une silhouette monumentale, et de minuscules pavillons dominant de courts points de vue, bâtis avec des bois précieux mais simples, sans l'ombre d'une ornementation, rappellent les Cha-no-you si raffinés que Kobori Enshû, le grand maître artistique de ces lieux, dirigeait, en y faisant entrer toutes les joies raffinées de l'Art, pour le grand divertissement du maître.

Aucun de ces beaux jardins de Kyoto n'est peut-être fait pour séduire une âme occidentale comme ceux de *Shugaku-in*, que *Go-Mizunoó* créait à la base des montagnes de Hieizan au XVII⁰ siècle. Tous les aspects s'y rencontrent dans la vaste étendue qu'il occupe ; il y a des coins retirés et enfermés de toutes parts d'où la pensée ne trouve aucun motif à distraction ; comme il est des vues lointaines, admirables, où tout Kyoto apparaît à vos yeux sous les jeux changeants de la lumère. L'endroit fut merveilleusement choisi ; la montagne fait ici un étroit plateau avant de venir mourir en gradins doucement inclinés vers la plaine. Une étroite digue fut construite pour retenir les eaux en un beau lac aux harmonieuses courbes, et cette digue, semée d'arbustes bas et taillés pour ménager la vue, forme la plus délicieuse des terrasses ; on voit de là les mouvements successifs du terrain former jusqu'à la vallée de longs gradins, où les cultures occupent à cette fin d'automne l'activité des paysans ; les riz sont coupés et mis en gerbes, et déjà, derrière le moissonneur, les bœufs noirs tracent dans la terre grasse et humide leurs profonds labours. Le beau lac derrière la digue décrit ses sinueux méandres, et s'enfonce un

LES JARDINS IMPÉRIAUX A TOKIO

UN JARDIN A TOKIO

peu sous l'ombre épaisse des grandes futaies de la montagne
à laquelle il est adossé ; là il reçoit les murmurantes cascatelles
où se brisent doucement les eaux des sources. Des grands
saules laissent pendre jusqu'à ses ondes tranquilles leurs longues et souples chevelures, et des groupes de pins s'y mêlent
heureusement à ceux des érables. Ces groupes de *mommiji*
furent composés avec un tel art que chacun d'eux, à son état
d'avancement, doit produire à l'automne une harmonie de
couleurs variées, en partant des rouges et des jaunes les plus
doux, pour aboutir aux plus violents ; et l'un d'eux, totalement
pourpre au soleil couchant, projetait des reflets de feu sur les
arbustes verts tondus et arrondis qui l'entouraient. Au milieu
du lac, une petite presqu'île s'avance ; ses rives abruptes, les
pins tourmentés qui se tordent au-dessus de ses rochers rappellent quelque site fameux de Matsushima ; le petit pont de
pierre, de forme exquise, avec son toit de bois, date de deux
cents ans et est une stricte copie d'un célèbre pont chinois ; ce
fut un don de Daîmio d'Etchigo au Mikado.

Tokio possède aussi quelques beaux jardins : l'un d'eux est
très célèbre, et c'est celui que visitent tous les Etrangers,
Koishikawa. Mais, livré à l'autorité militaire et enclavé dans
les limites de l'arsenal, il souffre terriblement de l'état d'abandon où on le laisse, et rien n'est affligeant comme un jardin
japonais qu'on n'entretient plus. Qu'il est loin le temps où le
prince de Mito avait voulu en faire un endroit de délices, où
tous les sites les plus célèbres du Tokaîdo se seraient trouvés
réunis dans ce petit espace, et vus dans le plus surprenant
raccourci. L'étang empli de lotus est si bien encombré qu'on
n'y voit plus une goutte d'eau ; les ponts de bois laqués de
rouge s'écaillent et s'effritent, les racines noueuses des pins

bossellent les allées et soulèvent les terres ; seuls les oiseaux y trouvent une paisible et sûre retraite, et l'espace à chaque minute scintille du coup d'aile, saphir et émeraude, du martin-pêcheur.

A l'autre bout de la ville, le contraste est absolu ; la Sumida franchie, on est dans un quartier de grands docks et d'ateliers, et rien n'est plus surprenant que de se trouver devant une grille derrière laquelle une grande cour sablée donne accès à une grande demeure de briques précédée d'un perron. C'est une des demeures du Baron Iwasaki. De grands vestibules frais, des salons avec des tableaux, des divans et des meubles, une grande salle où, dans des vitrines, est présentée une splendide collection de porcelaines de Chine, une serre où sont entretenues dans une atmosphère moite de rares orchidées ; quelques marches à descendre, quelques massifs d'arbustes verts, quelques groupes de grands arbres à contourner, et voici que le charme est renoué, c'est de nouveau le Japon. Un grand lac s'étend, si varié de lignes, découpant de si nombreuses anses, semé de tant d'îlots reliés par de charmants ponts de pierre, contournant de petites collines bosselées de rochers, fuyant en sinueuses allées d'eaux qui disparaissent au tournant des promontoires, qu'on n'en voit pas la fin et qu'on a vraiment une impression d'immensité. Si près de la grande ville, et perdu au milieu de ce quartier d'affaires, tout bruit humain vient mourir à la lisière de ce beau parc : une extraordinaire paix enveloppe toutes choses ; il semble qu'on assiste à la jeunesse du Monde, et c'est l'immense Nature, la plus pure, la plus soustraite à l'action de l'Homme, qui, par un artifice suprême et mystérieux, nous est ici offerte sous ses multiples aspects. Aux confins des deux saisons, soit qu'il apparaisse accablé sous la lourde chaleur et l'éclatante lumière d'un midi d'été, soit que la tristesse morne d'un lugubre automne l'enveloppe de buées obscures comme d'un linceul, le beau jardin, dans sa magnificence ou sa mélancolie, est poignant comme le plus beau poème de nature qu'on puisse rêver. Plus rien de petit, de mince ou d'étriqué, rien que des sensations grandes et fortes. C'est un microcosme, mais qui réfléchit les plus grandioses images. Dans la lumière morte et l'étoupe d'une atmosphère où rien ne vibre, d'énormes carpes bondissent hors de l'eau, à la poursuite des mouches qui l'effleurent, et laissent lentement les grands cercles venir mourir doucement à la rive ; — et dans les grands arbres les corbeaux échangent avec lenteur de sinistres appels ; de temps en temps, d'un languissant coup d'aile, ils passent de l'un à l'autre. — Par une lumière plus fine, ce ne sont que frissons dans l'air et sur l'eau ; de grandes libellules en égratignent la transparence ; à l'ombre d'un rocher, deux lapins font leur toilette en caressant leurs oreilles avec des grâces de chats ; au tournant d'un promontoire, des canards sauvages se lèvent, et, à grands cris et précipités coups d'ailes, vont au ras de l'eau remiser dans une baie plus tranquille. De merveilleux oiseaux jettent, avec de petits cris à travers l'espace, le fulgurant éclat de pierres précieuses de leur plumage. Au sortir d'un fourré impénétrable de bambous, une montagne apparaît, échancrée à son sommet d'un col ; ses pentes herbeuses sont semées de massifs de rhododendrons ; puis peu à peu la végétation s'y fait rare ; on la gravit par de courts lacets ; on dépasse en quelques pas cette zone forestière. Voici maintenant les pâturages des hauts plateaux ; encore trois enjambées, et l'on arrive au col lui-même : il n'a pas fallu plus de quarante pas pour avoir les sensations d'une ascension alpestre. Et, dominant de là tout le jardin lui-même, ses eaux, ses bois, ses collines, on s'étonne que d'une balle vigoureusement lancée on en puisse atteindre aisément les limites. Cependant que les bandes de corbeaux, perchés dans les grands arbres tout alentour, manifestent par de furieux cris leur colère de voir un intrus profaner une montagne où très manifestement ils viennent tenir leurs conseils. Et, par des sentiers semés de pierres plates qui permettent à pieds secs de parcourir tout le jardin, en passant par les jolis ponts de granit aux courbes si suaves, le long des pavillons de bois clair où l'on se réunit pour les jolies fêtes du thé, on contourne ainsi le Grand Lac aux rives enchanteresses, miroir tranquille de tout cet univers. Mais voici qu'au détour d'une allée un grand édifice de briques roses s'impose avec sa masse lourde et ses lignes arrêtées. Le charme est rompu, et le joli rêve japonais s'évanouit en une seconde.

CHAPITRE XI

KYOTO. — SES PALAIS ET SES TEMPLES

CARACTÈRE DE KYOTO. — LE GOSHO OU PALAIS IMPÉRIAL. — LE NIJO OU ANCIEN PALAIS DES SHOGUNS. — LEURS DÉCORATIONS INTÉRIEURES. — LE TEMPLE-PALAIS DU NISHI-HONG-WANJI ET SES DÉCORATIONS PEINTES ET LAQUÉES. — PROMENADES AUX TEMPLES SUBURBAINS, LE KITANO-TENJIN. — LE KINKAKUJI. — LE TOJI. — LE NINNAJI. — LE MYO-SHINJI. — LE DAITOKUJI. — LE JINKAKUJI. — LE EIKWANDO ET LE NANZENJI. — LE CHION-IN. — LE TOJI. — LE RENGE-O-IN. — — KYOMIZU ET LE KOFUKUJI.

Le charme de certaines villes est inexprimable, comme le charme de certaines femmes. C'est quelque chose d'infiniment séduisant, de très prenant, une grâce exquise avec beaucoup de douceur, une grande élégance de manières, une suprême distinction, la caresse d'un sourire, la noblesse d'un beau geste ; d'instinct cela éveille l'amour. On ne saurait demeurer insensible au charme captivant de Kyoto, et j'en sais qui y ont laissé leur âme.

Elle s'est d'abord beaucoup mieux défendue que Tokio, d'une façon bien plus hautaine, contre l'engoûment des modes occidentales. Elle a laissé à d'autres villes le goût de la politique et des affaires. Elle supporte difficilement que les industries viennent polluer les eaux de sa rivière, obscurcir l'air léger de son ciel. Elle est demeurée sincèrement attachée à ses traditions, à la charmante simplicité de ses petites industries, toutes si intimement pénétrées d'art, à la gaie flânerie des rues où tout un peuple aime à musarder, le nez au vent, sans crainte d'être écrasé par les autos, à ses spectacles et à ses fêtes dont la périodicité n'exclut pas la fantaisie. Elle est demeurée une ville de plaisirs, de plaisirs délicats, en ce sens qu'il n'est pas de peuple qui y pense plus continûment, et qui ne saisisse de plus fréquentes occasions de s'y plonger avec délices. Un proverbe dit : « Kyo nô kîda ôré » — « Osaka nô kuida ôré » — « Kyoto, ce qu'on vêt » — « Osaka, ce qu'on mange », — opposant ainsi le matérialisme épicurien de l'une à la grâce raffinée de l'autre.

Combien il est ensuite difficile de se réadapter à un de ces milieux occidentaux où la vie ressemble assez à des luttes de vitesse dans lesquelles des coureurs marchent à un but illusoire, qu'ils n'atteindront jamais, ne s'arrêtant aux étapes de la route que pour y mourir à bout de souffle ; on se rappelle alors avec douceur les jolies mœurs du peuple le plus *civilisé* de la terre, si l'on veut bien entendre par ce mot non pas la plus grande somme de connaissances qui puissent permettre à un homme d'être supérieur à son voisin pour le dominer ou le détruire, mais les formes les plus raffinées de la politesse et de la courtoisie, les échanges les plus sincères de bons services et de bons procédés, et cela à tous les degrés de l'échelle sociale, si bien que l'accueil qu'on reçoit chez l'humble vannier sur la natte duquel on vient s'accroupir, s'accompagne de formules aussi

LA GRANDE SALLE DU PALAIS DU NISHI HONGWANJI A KYOTO
DÉCORÉE DE PEINTURES DE TANYU, XVIIe SIÈCLE

LE TEMPLE DE KIYOMITSU A KYOTO

LE PALAIS KINKAKUJI A KYOTO

exquises que celles que vous réservera la famille d'un ancien Daïmio. Que de fois, au milieu de ce peuple hier encore plongé dans la féodalité, n'ai-je point senti profondément gravés au fond des cœurs ces mots que nous avons inscrits sur les frontons de nos monuments, mais non point dans nos âmes. Comme ils auront beaucoup à perdre pour nous imiter ! Et dans l'évolution où ils se trouvent engagés, et qui les entraîne à des vitesses effrayantes, que deviendra la destinée de l'*inkyo*, de celui qui, à cinquante ans, trouvait généralement qu'il avait atteint les limites de l'âge du travail, transmettait toute sa fortune aux siens et, à partir de ce jour, sûr du lendemain que lui assuraient ses enfants sous la garantie des mœurs et des lois, se laissait vivre doucement, ne s'occupant plus que de rechercher des plaisirs délicats où la Nature, la Poésie et l'Art collaboraient aux fins les meilleures ?

Le charme de Kyoto s'insinue en vous doucement et lentement, et, comme toujours au Japon, c'est en pénétrant sa vie et ses mœurs qu'on se sent l'aimer chaque jour un peu davantage.

Après l'abandon de Nara en 784, les souverains du Japon hésitèrent quelque temps sur le choix du lieu où ils établiraient le siège de l'Empire, dans cette grande vallée de la province de Yamashiro, et se décidèrent enfin en 794 pour le site de Uda. Ils donnèrent à la nouvelle cité le nom de Héian-Jô, ou de Kyoto, et y construisirent en plein centre leur Palais. Ce Palais fut détruit par le feu en 1177, et, trois ans plus tard, le grand ministre Kiyomori transférait le siège du gouvernement à Fukuwara (Hiogo de nos jours). Mais la Cour ne tarda pas à revenir à Kyoto. Deux autres fois, la Ville et le Palais furent de nouveau la proie des flammes, et chaque fois on les reconstruisait le mieux possible sur les plans antérieurs. Du jour où Yedo fut fondé, en 1594, Kyoto perdit progressivement en étendue et en importance.

Elle s'étend dans une immense plaine, de chaque côté du fleuve Kamôgawa, qui coule lentement dans un vaste lit de pierrailles, et sur les bancs de galets transformés chaque soir d'été en terrasses de restaurants, où tout Kyoto vient se réjouir et prendre le frais au milieu des innombrables lanternes de papier. Le matin, les blanchisseurs y étendent leur linge, et les maraîchers, avant d'aller au marché, y rincent dans les flots d'eau courante les énormes panets d'un blanc étincelant, base de l'alimentation légumière du pays. A l'horizon, et visibles de toutes les parties de cette ville si basse, s'étendent de hautes collines revêtues d'un royal manteau d'épaisses forêts. C'est dans les replis mystérieux de ces vallées forestières que se cachent la plupart des plus anciens temples, dans des sites incomparables, au milieu de leurs vieux parcs centenaires. Quelques-uns de ces sites sont l'objet d'une dévotion traditionnelle ; les dates fixes y ramènent périodiquement les foules joyeuses. On vient y voir fleurir les cerisiers ou les pruniers, se lever la lune d'automne, rougir les feuillages éclatants des érables. C'est alors comme une ivresse, et, pendant quelques jours, l'abandon de toutes préoccupations sérieuses d'affaires ou de métier. Tout un peuple ne vit alors que pour fêter le retour périodique d'une saison et le moment fugitif où la Nature revêt une de ses plus suaves ou splendides parures. C'est à ce moment qu'il est charmant d'être sur les chemins, — de participer à la joie ingénue et naïve de tous ces êtres, — de croiser tant de visages souriants et béats, — de circuler au milieu de ces groupes réunis sous les beaux arbres, devant les

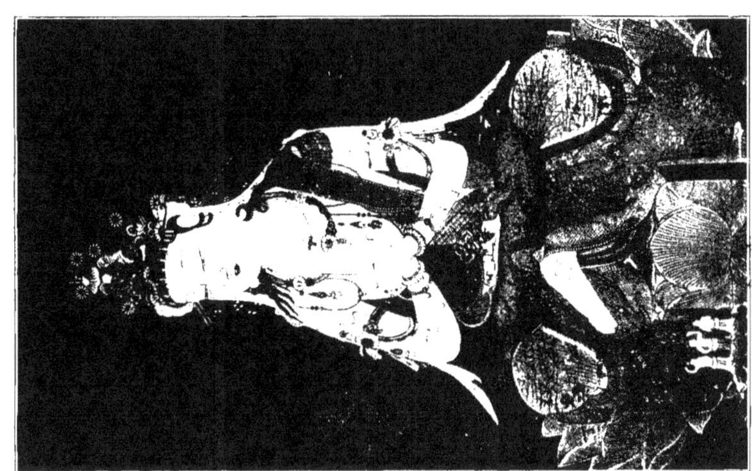

FUGEN MONTÉ SUR L'ÉLÉPHANT
PEINTURE AU MUSÉE DE TOKIO

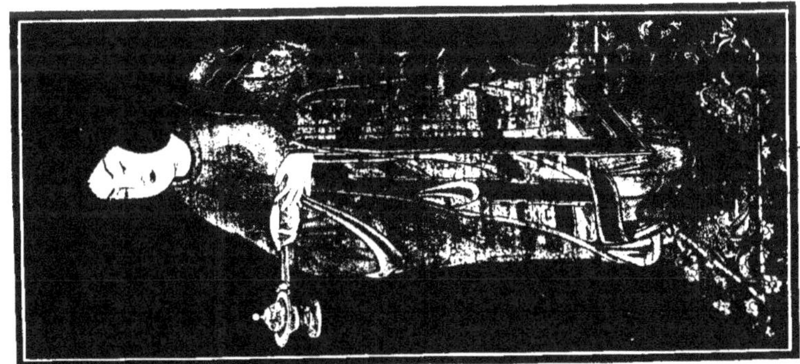

PORTRAIT DU PRINCE SHOTOKU-TAISHI
AU TEMPLE NINAJI DE KYOTO

paysages et les points de vue consacrés, pour glorifier la beauté de leur pays, le charme d'y vivre tant de minutes exquises, au sein d'une société si délicate et si raffinée, où rien n'est vulgaire, où tous les rapports avec ses semblables, grands et petits, sont empreints de la plus naturelle courtoisie.

La ville elle-même n'est pas beaucoup plus pittoresque et colorée que les autres. Ce sont toujours les mêmes vastes quartiers, à travers lesquels on circule entre les petites maisons toutes semblables. Les très vieux monuments y font également défaut, et il n'est pas un reste d'architecture qui vous permette d'évoquer le passé. Certains quartiers y paraissent cependant avoir une personnalité plus marquée, peut-être par les petits métiers qui s'y exercent par groupes nombreux.

Les immenses quartiers que le fleuve sépare ainsi sont d'étendue très inégale, et les villes suburbaines d'Awata et de Kyomitsu, sur la rive gauche, adossées aux grandes collines voisines, y sont limitées dans leur développement et n'ont pas atteint la largeur et l'étendue des quartiers de la rive droite.

Dans l'intérieur de la ville même, le Palais impérial *(Gosbó)* si l'on s'en tenait à la circonférence de ses murs, couvrirait une immense étendue ; ce mur de terre recouverte de plâtre, portant une crête en forme d'étroite toiture, renfermait autrefois, groupées autour du Palais, les demeures des nobles de la Cour *(Kuge)*. Ces demeures disparurent au moment de la Révolution de 1875 ; elles furent rasées, et les beaux jardins sont aujourd'hui transformés en un vaste parc assez pauvre en vieux arbres.

C'est après avoir traversé ces grands jardins monotones qu'on arrive devant le Palais, qui n'est lui-même qu'une seconde enceinte de murailles moins défensives, renfermant un certain

nombre de constructions, dont le plan général et les proportions, ainsi que dans tout monument du Japon, ne sauraient
être perçus d'un coup d'œil d'ensemble. Reconstruit après le
grand incendie de 1854, sur les plans exacts de l'ancien Palais,
il ne saurait d'ailleurs présenter qu'un intérêt médiocre, tout
ce que l'on y voit n'étant que la copie de ce qui y fut. Il est
cependant intéressant, en parcourant la succession de ces
vastes salles, de voir dans quelles demeures si simples, si
dépourvues de l'écrasante et pesante richesse de décoration
des palais occidentaux, se déroulaient la vie des souverains
du Japon et les cérémonies de la Cour. Ici encore, le grand
luxe était plutôt dans la dimension des grandes salles, et surtout dans le choix raffiné des bois de la construction, la décoration au Gosho même n'intervint qu'avec une extrême sobriété,
et exécutée surtout par les laqueurs et les peintres.

Il est telle nuance, difficilement perceptible à nos yeux,
qui faisait que le bois employé dans les murailles du *Seiryo-
den*, grande salle de pureté, où avaient lieu les grandes cérémonies religieuses, devait être, ainsi que pour le trône en
forme de catafalque aux somptueux rideaux de soie, en bois
de *hinoki*, le même qu'on employait toujours pour la construction des temples du culte Shintò. Le mélange de bois clair,
de grandes surfaces murales en plâtre fin, et de belles colonnes
laquées de rouge, donne encore à une salle de ce genre un
grand caractère solennel et grandiose.

D'une plus grande distinction devait être encore l'immense
salle dite *Shishin-den*, où avaient lieu les couronnements de
Mikados et les audiences de la Nouvelle Année. Elle fut
primitivement décorée d'une succession de panneaux où
étaient représentés les Sages de la Chine, et qu'avait peints,

en 888, le fameux artiste *Kose nô Kanaoka*. Que penser des présentes copies de copies qui prétendent nous en transmettre le si lointain reflet ?

Un large corridor mène ensuite au *Ko-Goshô*, au petit Palais, où trois chambres décorées par des peintres modernes ouvrent sur un beau jardin ; il se trouve séparé par une autre longue galerie d'une série de chambres, le *Gakumonjo*, toutes différemment décorées il y a une quarantaine d'années, et où la Cour tenait ses assises artistiques de musique ou de poésie. Ce n'est qu'ensuite qu'on pénètre dans la partie du Palais divisée en une douzaine de pièces relativement exiguës, qui nous représentent la résidence habituelle des Mikados, où tant de générations de souverains ont vécu au milieu de leurs femmes et de leurs chambellans, si loin de leurs sujets, et sont morts sans connaître rien de leur Empire.

Infiniment plus intéressant est le château de *Nijô*, le vieux Palais des Shôguns, dressé comme une affirmation de force, dans la ville même des Mikados, par Nobunaga, en 1569. Le château actuel, si heureusement conservé, date seulement de 1601, Yeyasu ayant voulu avoir dans Kyoto un pied-à-terre, quand il venait de Yedo à Kyoto, pour s'entretenir avec le Mikado. Ses successeurs les Shôguns Tokugawa se sont plu successivement à le décorer avec splendeur. Extérieurement, il a l'apparence des beaux châteaux forts, si caractéristiques des Shôguns Tokougawa, avec ses murs talutés de pierres non jointoyées, en appareil cyclopéen, avec ses grands portails et ses pavillons à toits recourbés juchés sur les murs mêmes, comme on les voit aux châteaux d'Osaka, d'Himeji, de Nagoya ou de Tokio.

On passe successivement sous deux grands porches surmontés d'un toit à la chinoise, comme on les rencontre précédant tous les édifices civils et religieux du Japon. De grands panneaux profondément fouillés de sculptures représentant des pivoines et des phénix attribués à Jingoro, sont disposés en linteaux au-dessus des portes ; on prétend que *Hideyoshi* les aurait remployés de son fameux château de Fushimi. On pénètre alors dans le Palais, dont une suite de vastes salles donnent sur un long couloir latéral. Le luxe et la richesse décorative y apparaissent immédiatement dans les beaux plafonds à caissons laqués et peints de sujets variés évidemment inspirés de plafonds des Palais des Ming à Pékin, dans la rare beauté des compositions peintes le long des murailles, un grand nombre sur fond doré, ce qui contribue à donner une impression d'ensemble de grandeur et de somptuosité tout à fait extraordinaire. Au-dessus des grands panneaux ou des beaux *fusumas* qui forment la décoration murale, courent généralement de grandes frises de bois ajouré, peint et doré qu'on nomme *rammas*, sculptés avec une virtuosité surprenante de fleurs, de bêtes et d'oiseaux, et qui, par un prodige artistique incroyable, différent de motifs sur les deux faces, alors qu'on ne peut comprendre, en regardant un de ces côtés, comment le sculpteur put sur l'autre se servir des pleins du bois pour y sculpter une composition nouvelle. Il en est, attribués encore à Hidari-Jingoro, et représentant des paons au milieu des brindilles de pins, et au revers des grosses pivoines épanouies, qui sont de merveilleux chefs-d'œuvre de sculpture décorative et pittoresque, plus beaux que tout ce qu'il sculpta à Nikko.

Suivons la succession de ces salles admirables où collaborèrent la plupart des grands peintres de l'époque, et qui portent presque toutes la désignation du grand motif peint qui les décore. Trois salons offrent une suite extrêmement variée de tigres circulant au milieu des bambous, dans toutes les attitudes du repos, du guet, de la chasse, de la lutte. Dans la chambre de l'envoyé impérial *Tanyu* peignit d'énormes érables verts, dont les troncs et les branches largement traités occupent plusieurs mètres de composition, se profilant tous sur un fond d'or pavé, patiné et oxydé pour la suprême jouissance des yeux ; l'un de ces beaux érables, dont l'automne a déjà pourpré quelques feuilles, occupe à lui seul toute la surface du large *tokonoma* ; dans une autre chambre, il peignit de grands pins verts aux troncs mouchetés de mousses ; ailleurs encore, de grands aigles perchés sur des pins, ou des grues volant ou picorant, dont les splendides fonds d'or exaltaient encore la beauté décorative. — Dans l'immense salle d'audience, dite *Gô-Taimanjo*, décorée de paons et de pins, la richesse décorative atteint son summum, et toujours l'or demeure discret, léger, prodige que n'aurait su réaliser aucun autre peuple dans d'aussi vastes compositions. Dans la jolie salle *Kuro-jo-in*, *Naonobou* peignit, sur un or infiniment décoloré, des cerisiers en pleines fleurs, dont les gouaches blanches créent une harmonie d'une suavité exquise.

Dans une autre chambre, il trouva un adorable arrangement de grandes gerbes de chrysanthèmes blancs, adossées à de légères haies de bambous, sur fond d'or, et au-dessus de longues frises d'éventails négligemment jetés. Une suite de plusieurs salles fut décorée par *Koï* en sépia d'encres pâlies sur un fond d'or très doux de scènes à la chinoise, alors que le tokonoma porte un grand paysage de neige d'une admirable composition. — L'une des salles renferme une composition très célèbre au Japon sous le nom de *Naonobou nô nure Sagi*, représentant un héron perché sur la proue d'un bateau de pêche, dont Naonobou sut faire une œuvre d'un charme incomparable.

Avant de commencer la visite des temples qui font à Kyoto une ceinture de pèlerinages artistiques uniques au monde, je crois bon d'en distraire un, qui, comme tous les autres d'ailleurs, réunit les trois caractères de lieu de prière, de monastère et de palais. — Tout temple, au Japon, comporte en effet la salle, plus ou moins vaste, avec les autels, où les prêtres officient et où les fidèles prient ; les chambres où vivent les prêtres ; et les pièces de réception, qui bien souvent servirent aux souverains, aux Shôguns ou aux grands personnages, dans leurs visites ou leurs déplacements.

Le *Nishi-Hongwanji*, un des plus beaux temples de Kyoto, renferme quelques salles d'une si somptueuse décoration, et si apparentée à celle du Nijô où travaillèrent les mêmes grands maîtres de l'*Ecole de Kanô*, peintres officiels de l'époque, que je crois plus rationnel d'en parler à cette place.

Le temple lui-même, qui date à peu près de 1591, y est de vastes proportions, construit selon les règles, avec les bois les plus recherchés, et décoré avec le plus grand art ; les portes, les plafonds, les colonnes, tous les détails d'architecture y portent la marque d'une recherche et d'un goût rares. Contigu au temple principal, mais de plus petites dimensions, l'*Ami-dadô* témoigne d'un non moins grand souci de faire véritable œuvre artistique

Mais ce qui fait l'extraordinaire beauté du Nishi-Hong-wanji, ce sont ses appartements, dont l'entrée principale est constituée par un splendide portail orné, sur la face et les côtés, de panneaux ajourés de sculptures admirables de Jin-

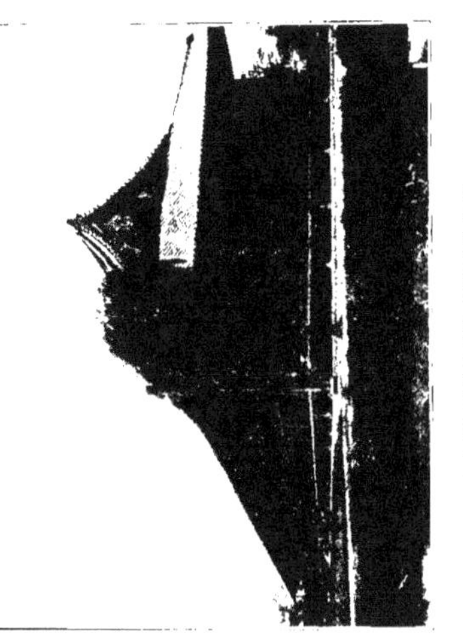

LE TEMPLE DE RENGE-O-IN
A KYOTO

FUSUMAS D'UNE CHAMBRE DU TEMPLE DE RIU NIN A KYOTO (MIOSHINJI)
PEINTURES DE KANO MOTONOBU, XVIe SIÈCLE

LES MURAILLES DU NIJO, PALAIS DES SHOGUNS
A KYOTO

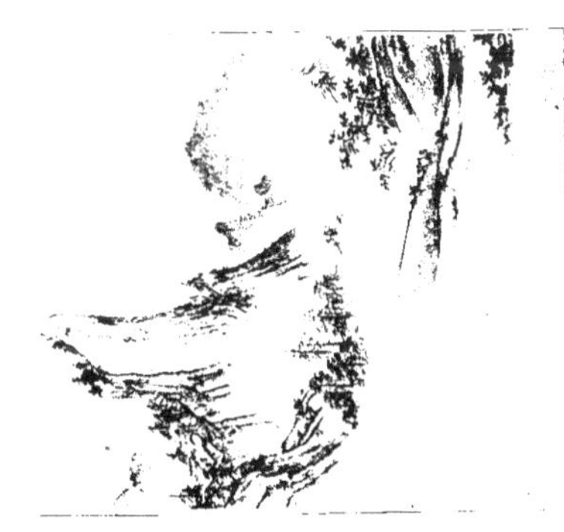

goro, dont l'une représente un cavalier sur un cheval qui piaffe,
d'une surprenante vérité. Les salles se succèdent ensuite, toutes
plus splendidement décorées les unes que les autres d'oies
sauvages, de touffes de chrysanthèmes sur fond d'or par
Yusetsu, de grands arbres et d'oiseaux dans le style des Tosa,
de grandes chasses dans le *style chinois*, par *Kanô-Koi* ; l'une
de ces salles possède des portes de cèdre admirables, ornées
de ferrures de bronze délicatement ciselées et dorées, et
munies de deux grands nœuds de cordon violet avec de beaux
glands de soie ; deux panneaux portent deux compositions à
personnages chinois savamment agencées, comme *Eitokou*
savait si bien le faire. Mais la plus belle est une immense salle,
dont les vastes proportions, la forêt de belles colonnes laquées,
la large estrade qui en occupe le fond, semblent faire une
extraordinaire salle de concile. On se représente fort bien les
somptueuses réunions qui purent s'y tenir, quand les glissières
de l'extérieur étant tirées laissaient apparaître la scène du
théâtre de Nô au milieu de la Cour, dont on pouvait suivre de
la salle même les représentations. Le mur de fond de cette
extraordinaire salle comporte à droite de belles étagères ornées
de bronzes dorés, et à gauche de splendides vantaux d'armoires
pris dans le plus beau des palissandres, garnis de ferrures,
qui sont des prodiges où l'art du ciseleur s'est uni à celui de
l'émailleur. Au centre, un énorme tokonoma de 4 à 5 mètres
de largeur, que *Tanyu* décora d'une composition fixe, qui
restera sans doute un de ses chefs-d'œuvre. C'est une réception d'Ambassade Chinoise : le *Mikado*, entouré de ses femmes
et de ses ministres, est assis à gauche dans un pavillon devant
lequel s'étend une longue terrasse dominant un vaste parc.
De l'extrême droite de la composition marchent vers lui, sur

cette longue terrasse, un ambassadeur chinois et sa suite, qu'accompagne un chambellan japonais. Sur ce fond d'or si beau, usé, terni, mais d'un resplendissement sourd, la scène est d'une grandeur inoubliable. Le style chinois dont le Japon était alors si engoué, obligea Tanyu à la traiter tout à fait à la chinoise : les personnages japonais ont eux-mêmes des visages et des vêtements du Céleste Empire, dont les couleurs un peu sévères, des rouges et des verts, s'accordent admirablement avec la valeur du fond. La composition est d'une ordonnance magistrale et se déroule avec une ampleur et une facilité qui rappellent Véronèse.

Et voici, dès les premiers pas, que nous pouvons constater ici que ce n'est pas seulement dans de tout petits sujets que les artistes japonais purent exprimer leur sentiment décoratif ; ils durent concevoir pour la décoration de leurs palais ou de leurs temples de vastes compositions, où ils abordèrent tous les motifs, avec une préférence marquée pour ceux qui étaient plus purement décoratifs ; mais ils surent les traiter tous avec un égal génie, et l'on ne saurait dénombrer la quantité de fusumas et de paravents où ils dépensèrent sans l'épuiser leur invention décorative. Ils ont créé ainsi d'aussi grands chefs-d'œuvre en ce genre que les Italiens dans leurs fresques ou leurs grandes toiles marouflées, que les Flamands et les Français dans leurs tapisseries.

Comment se rappeler sans délices la visite des temples de Kyoto, le départ au matin dans la légère *djinrikisha*, dévalant à la rapide allure de son coureur les pentes aux verdoyants jardins de Kiyomitsu ; les voûtes des énormes arbres qui, tout en long de la montagne, abritent dans des replis silencieux et cachés les beaux temples solitaires, si loin du mouvement de

la ville, endormis dans la paix profonde de la campagne et des
bois, et que le visiteur curieux vient réveiller de leur sommeil.
Parfois les distances pour les atteindre sont si longues que la
journée y passera toute, et qu'on ne rentrera que vers le soir,
en ayant eu le soin d'emporter son déjeuner, qu'on prendra
dans une des petites salles de réception du temple, assis sur
les *tatamis*, devant les beaux fusumas aux paysages fins, animés
de tant de charmantes bêtes.

Et quel délicat accueil ! Dans cette agglomération complexe de constructions qui constitue un temple, véritable cité,
il faut savoir à quel porche venir frapper. On tape dans ses
mains, et, à cet appel, un jeune novice apparaît et s'enquiert
de vos désirs. On se déchausse, on le suit. Si le temple est de
visite traditionnelle pour les étrangers, il vous fait entrer dans
une petite pièce meublée de la table et des chaises, par lesquelles ils pensent paraître un peu plus civilisés ! Sinon, vous
pénétrez dans une chambre délicieusement nue et vide, et
vous vous asseyez sur les coussins que l'on vous apporte.
L'abbé paraît dans sa robe de cotonnade jaune pâle, portant
autour du cou une sorte de collier de soie de couleur. Il se
prosterne devant vous plusieurs fois, mêlant aux questions par
lesquelles il s'informe de votre désir les formules de la plus
exquise courtoisie et du plus délicat accueil. Et le novice
réapparaît, apportant tout ce qu'il faut pour le thé, dont l'abbé
verse à chacun quelques gorgées dans une petite tasse, à moins
que pour vous faire un exceptionnel honneur il ne confec-
tionne lui-même devant vous le thé vert, amer et épais breuvage. Et l'on cause lentement, longuement ; si vous ne le
supportiez patiemment, il vous faudrait perdre tout espoir
qu'on veuille bien vous montrer quelques-unes des belles

peintures dont vous soupçonnez l'existence. Enfin tout arrive à son heure, et l'on apporte dans leurs boîtes les précieux chefs-d'œuvre, qu'on déroulera et qu'on accrochera dans le tokonoma ou sur les murs.

Aucun document officiel ou privé ne peut vous servir de guide. Le classement des objets d'art conservés dans les temples du Japon et considérés comme monuments nationaux fut décidé, il y a vingt-cinq ans, par une loi, et effectué à deux reprises par une commission, mais aucune liste n'en fut jamais publiée. A moins d'y faire une enquête et une étude personnelle, nécessairement fort difficiles et fort longues, il demeure impossible de se faire la moindre idée de la masse de chefs-d'œuvre chinois et japonais qui s'y trouvent conservés. Car, par un hasard providentiel, alors que bien des bouleversements sociaux ont amené en Chine la destruction de ce qui y était conservé, le Japon, fermé jusqu'au milieu du XIXe siècle à toute pénétration extérieure, avait conservé religieusement tout ce que tant de générations successives avaient pieusement reçu de la Chine, considérée comme la mère, l'éducatrice, et qui fut pour le Japon ce que la Grèce et Rome furent pour toute l'Europe du Moyen-Age et des temps modernes.

L'histoire de la peinture chinoise (et comment en pourrait-on soupçonner la grandeur !) reste entièrement à faire et ne pourra être faite qu'au Japon. C'est un des plus beaux chapitres d'histoire de l'Art qui restent à écrire ; la page est entièrement blanche, et personne n'a pu encore y tracer le moindre mot.

Dans cette courte promenade où nous passerons en revue les principaux temples de Kyoto et du Yamato, peut-être ne sera-t-il pas indifférent à certains de trouver ici énumérées quelques-uns des plus pures et des plus grandes œuvres de peinture ou de sculpture de la Chine et du Japon qu'il m'ait été permis d'admirer. Ce ne saurait être que le point de départ de l'étude extrêmement longue et délicate qu'il faudra bien que quelqu'un entreprenne courageusement un jour. A celui qui y apportera une âme sensible à la beauté des choses, de bien grandes joies sont réservées.

A moins d'y consacrer de longues années de visite et d'étude, il est impossible de connaître tous les temples du Yamato et du Yamashiro, tellement ils sont innombrables dans ces deux provinces du vieux Japon, celles de Nara et de Kyoto ; et je ne crois pas qu'en dehors de M. Fenollosa aucun Européen puisse se targuer d'en connaître le plus grand nombre. Ce n'est donc qu'à révéler les plus grands chefs-d'œuvre de la sculpture et de la peinture, conservés dans quelques-uns d'entre eux, que ces notes peuvent prétendre. Comme ils sont dispersés souvent à de grandes distances les uns des autres, il est, je pense, préférable d'adopter un ordre topographique, plutôt que chronologique ou hiérarchique, afin que ces quelques indications puissent être plus facilement utilisées sur place. Par la situation même qu'occupe Kyoto, la division toute naturelle est celle des deux rives du fleuve.

I

Sur la rive droite du Kamogawa, où s'étend la plus grande partie de la ville, mais en dehors de ses limites, dans la campagne, se trouve un premier groupe de temples dans cette plaine adorable que bordent les collines de Kinukasayama. On s'arrête d'abord, au sortir de la ville, au *Kitano-Tenjin*, type parfait du temple shintoïste, avec ses innombrables lanternes de pierre, ses ex-votos et la quantité des petites chapelles bordant des chemins de prières où les fidèles s'arrêtent de pas en pas en multiples oraisons. Dans ces enceintes ont lieu, le 25 de chaque mois, de grandes fêtes populaires. Une série de *makimonos* fameux, longtemps attribués à Nobuzane, qui appartiennent à ce temple, sont aujourd'hui déposés au Musée de Kyoto.

Un peu plus loin, au pied de ses belles collines, le *Kinkakuji* est le plus charmant souvenir que les Ashikaga aient pu laisser de leur goût raffiné. Ce fut le Shôgun Yoshimitsu qui, en 1397, remettant le pouvoir à son jeune fils, vint satisfaire en cette adorable retraite ses goûts délicats, et construisit, au bord du plus poétique des étangs enfermés dans la ceinture de ses grands arbres, ce « Pavillon d'or » se reflétant au miroir de l'eau, et que le sculpteur Unkei et le peintre Masanobou décorèrent selon les désirs de leur maître ; tandis que, sur le versant de la colline, il édifiait ce petit pavillon et allait commencer à y mettre à la mode ces cérémonies du thé, où tant de générations se sont repassé depuis lors les rites d'une religion nouvelle. Dans une construction voisine, à usage d'appartements, se voient encore quelques jolis fusumas exécutés par *Jakuchu* en blanc et noir (des coqs et des poules, des bananiers et des pampres). Un très spirituel kakemono de Sotatsu montre dans un cavalier un surprenant raccourci de cheval, et deux charmants paysages sont de Sesson.

Le *Toji-in*, autre fondation d'un *Ashikaga-Takauji* au XIVe siècle, a conservé la suite des portraits sculptés de tous les Shôguns de la dynastie, série iconographique d'un très grand intérêt historique plus encore qu'artistique, car il en est

un certain nombre dont l'exécution fut très postérieure aux
personnages représentés. Le caractère individuel y est très
fortement indiqué, comme ont excellé à le rendre les sculpteurs
japonais, et les costumes avec les robes courtes, les toques
noires, et les bâtons levés dans la main, y sont de la plus
franche vérité.

Dans cette même région ouest, un groupe de monastères
fut fondé vers 886 par l'Empereur Koko, et plus tard deux
Empereurs, Uda en 899, et Shujaku de 901 à 931, y vinrent vivre
dans la retraite. C'est le *Ninnaji*, qui couvrait de ses beaux
temples des collines délicieuses couvertes de cerisiers, dont la
floraison printanière attirait des foules nombieuses, mêlant
en leurs âmes le culte de Bouddha et celui de la Nature. Mais
le feu y exerça en 1887, de terribles ravages, qui n'ont pas
été réparés, et de grands espaces vides en rappellent l'affligeant
souvenir. Le Ninnaji possédait un très intéressant portrait de
Shotoku-Taishi, dont l'ancienne attribution à *Kanoaka* fut
discutée, et qui est actuellement au Musée de Tokio. Dans le
village voisin, Ninnamimura, vivait le fameux potier *Ninsei*,
qui lui avait emprunté la racine de son nom, et les temples
qui s'appelaient aussi *Omûro Gosho* furent la raison d'appellation d'une série de ses poteries dites *Omûro Yaki*.

De tout ce groupe, le plus important est certainement le
Myôshinji, dont les belles constructions se sont le mieux
conservées, et qui couvre un espace immense entouré d'un
grand mur, de ses temples, de ses monastères, de ses jardins.
Quand on a franchi le grand portail d'entrée, on suit de longues
avenues bordées de murs, pavées de grandes dalles ; ce ne
sont de tous côtés que nouveaux porches de temple, avec leur
belle architecture si noble et les belles sculptures de leurs

bois ; de grandes cours d'un sable constamment ratissé, et les beaux arbres qui partout se dressent à la place prévue d'où leur silhouette, la fantaisie de leurs branches viendront ajouter à la beauté des lieux. Où que l'on aille au Japon, l'Art et la Nature sont toujours étroitement unis ; et si, bien souvent, la Nature est asservie à l'Art, jamais elle ne semble en souffrir et partout conserve les libres apparences de son indépendance. Comment oublier la majestueuse entrée, ce vaste espace dallé, semé de nouveaux portails à beaux toits isolés semblables à de grands arcs de triomphe, les temples qui leur font suite avec leurs doubles étages à toitures débordantes ; cet *Hôdo* avec le grand plafond peint d'un dragon de *Tanyu* ; ce *Kyodo* avec sa vaste bibliothèque octogonale tournante ; toutes ces massives constructions faites de beaux bois que le temps a vieillis et patinés ; et toujours les arbres, les gigantesques arbres, l'éternelle poésie, le grand décor de ces vieux temples du Japon, qui vous laissent de vos pèlerinages des impressions de fraîcheur et de beauté.

Ce vieux temple de Myôshinji, que fondait au xive siècle l'abbé Kwanzan-Kokushi, fut l'asile de retraite de l'Empereur Hanazono, et peut être considéré comme le type de ces belles résidences religieuses impériales. C'est assez dire la merveilleuse décoration dont il fut l'objet et les trésors d'art qu'il posséda. Non pas qu'il faille croire qu'on ne peut y rencontrer que des chefs-d'œuvre ; à toutes époques ses enrichissements y furent mêlés, et bien des décorations de fusumas, bien des kakemonos qu'on vous y montre sont, en réalité, des œuvres très médiocres, sur lesquelles je passerai rapidement, en me contentant de les citer, comme : les très médiocres fusumas décorés de hérons de *Tanyu* ; le *Dharma* si banal de *Masunobou* ;

le *Hotei* de si molle et creuse exécution attribué un peu légèrement à *Mokkei* ; les trois peintures de *Dharma*, *Hotei* et *Bukan*,
dont les encres pâlies et la faiblesse de caractère ne portent pas
bien la forte marque de *Ri-Ryomin*, pas plus que la *Kwannon*
les *Kanzan* et *Jittoku* ne portent celle de *Kaô*. Mais quels
beaux *Choshikyo* possède le temple principal, surtout cette
Kwannon de proportions un peu courtes, mais d'une couleur
rose si délicate, dont la robe est semée de médaillons à fins traits
d'or, sous le voile transparent ; quels beaux *Rakkans* de Mok-
kouan, puis d'autres de *Zengetsou*, d'une si belle tenue, si dis-
tingués de couleur dans les tons neutres, mais sans l'énergie
de dessin et la force qui pourraient permettre de les attribuer
à un peintre chinois des *Song*, en tout cas tellement supérieurs
à ceux très traditionnels, de couleur pauvre, sans originalité,
qu'on attribue à un peintre de la *dynastie Yuan*. Quelques
œuvres décoratives y sont inégales : des paravents de *Yusho*,
avec un tigre et un dragon, puis des chrysanthèmes sur fond
or, assez banals ; d'autres très supérieurs avec de grands personnages chinois, très francs de couleur, très pompeux d'allure,
dans le style d'*Eitokou* ou de *Sanrakou* ; un autre attribué à
Motonobou est délicieux avec ses éventails jetés au hasard, en
tous sens, sur un fond de papier sombre poudré d'or ; — et
ces quatre beaux fusumas de *Shiumbokou*, où se trouve ce grand
pin couvert de neige, triomphe de l'exécution en noir sur
blanc qu'il porta à un si haut point dans ses albums, et qui
présente dans les oppositions des deux tons des qualités de
souplesse et de velouté inouïes. Mais ce qui est exceptionnel
au Myôshinji, ce qui en fait un des plus purs pèlerinages
d'Art du Japon, ce sont les deux séries de peintures de *Motonobou* qui s'y trouvent conservées ; elles montrent sous deux

de ses faces le génie de ce maître prodigieux, un des plus
grands du Japon, qui, à l'aube du XVIe siècle, allait porter déjà
si haut l'éclat de l'Ecole de Kano à ses débuts. Ce sont deux
séries de fusumas, que fort heureusement un Empereur
ordonna de remonter en kakemonos soixante-dix ans après
qu'ils eurent été peints, pour les sauver de l'outrage du
temps et des hommes, et qui sont ainsi parvenus jusqu'à nous
dans un extraordinaire état de conservation. Ils sont conservés
dans le temple *Reïunin*, où Motonobou vint pendant plusieurs
étés étudier les règles de la *secte Zen*, et où il les peignit. Il y
fit même alors le portrait de son maître, le prêtre Daikiu-
Kokushi, dans ses vêtements aux ors épais, avec ses souliers
à la chinoise ; portrait qu'on sent très vrai, d'exécution très
soignée, un peu sèche et maigre ; ce n'était pas dans cette
voie que le talent de Monotobou pouvait se développer. La
première série comprend quarante-neuf fusumas de grande
dimension, paysages à la chinoise au milieu desquels se promènent de nobles personnages chinois avec ce dessin brusque,
un peu anguleux des rochers et des arbres, qui fut une des
manières de Motonobou. Certains de ces paysages se continuent
en plusieurs fusumas et font ainsi de vastes compositions. Ils
sont exécutés en couleurs, avec de très légers jaunes et des
bistres ; un seul est un pur paysage sans personnage, et représente des oies qui vont boire. La seconde série, qui comprend
cinquante-trois fusumas remontés en kakemonos, est au contraire dans la manière qui fut la plus habituelle à Motonobou,
celle des purs Kano, avec les noirs et les blancs ; mais avec
quelle délicatesse et quelle suavité il savait les harmoniser !
Combien le blanc de ce beau papier si souple, si gras, si
généreux de matière, lui fournissait la réserve idéale pour faire

valoir ces gris légers, ces noirs profonds, si propres à l'évocation de ces paysages où flotte toujours une buée de rêve : et comme dans cette exécution si facile, si aisée, se sent la belle construction du dessin, les plans bien établis, et, quoi qu'on en ait dit, les profondeurs de perspective ! Comment oublier jamais le beau paysage de neige, ce fond de montagne devant laquelle passe l'obliquité d'une tourmente qui fait s'écheveler les saules, et cette eau grise, cette eau morte, miroir où se reflète le visage désolé de la Nature !

Non loin d'*Arashi-yama*, ces défilés si pittoresques d'où débouche la rivière Katsura à sa sortie des montagnes, et dont les pentes sont couvertes de forêts épaisses de pins, de cerisiers et d'érables qui en font un des pèlerinages les plus joyeux des Japonais au printemps et à l'automne, se trouvent deux temples, dont l'un, le *Koryuji*, est un des plus vieux temples bouddhiques, puisqu'il aurait été fondé par *Shotoku-Taishi* en 604 ; il ne reste certainement aucune construction de cette époque, et la principale, brûlée en 1150, aurait été réédifiée avec les matériaux sauvés des flammes. Les quelques remarquables sculptures que le temple renfermait ont été transportées au Musée de Kyoto. L'autre temple, le *Seiryuji*, est beaucoup moins ancien et ne remonterait guère à plus de deux siècles ; il renferme une chapelle dorée très célèbre, consacrée à *Sakia-Muni*.

C'est aux deux extrémités de la ville, à d'énormes distances l'un de l'autre, que se trouvent les deux temples les plus considérables de cette rive avec le *Myôshinji*, le *Daitokuji* et le *Tô-ji*.

Le *Daitokuji*, qui appartient à la secte Zen, fut fondé par Daitô-Kokushi, qui en devint l'abbé au début du XIVe siècle.

Il prit, au cours des siècles, une importance énorme, et, comme nous le vîmes au Myôshinji, ce n'est plus un temple, mais une réunion de temples (ils ne sont pas moins de 18 !), avec des biens de main-morte considérables, d'énormes produits d'offrandes et d'extraordinaires trésors artistiques amassés peu à peu. Ils ont été bien entamés, et les amateurs du Japon et d'Amérique y ont fait de terribles brèches ; mais, tels qu'ils sont, et protégés maintenant par un arrêté de classement, ils offrent pour l'étude de la peinture en Chine et au Japon des spécimens de toute beauté. Le Daitokuji est très loin dans la campagne, au Nord-Ouest de la ville ; une enceinte énorme et continue de murailles le protège ; un des grands porches franchis, c'est toujours la même disposition ample et grandiose des portails en arcs de triomphe, des temples, des pagodes, des abris pour la cloche, pour le tambour, mais ici tout cela si vaste, si impressionnant de majesté et de silence, si riche d'immenses arbres qui superbement défient l'atteinte sournoise du temps, comme si en ce pays la sève était si forte qu'elle continue pendant des siècles à monter toujours aussi active dans les ramures.

Voici le *Shinjouân*, ou temple de l'Emeraude, avec la succession de ses beaux appartements, dont les fusumas furent peints par les grands maitres de l'époque : la salle centrale, par *Jasokou*, de paysages en blanc et noir avec des oies au bord d'une rivière, avec des hérons dans les bambous ; une petite chambre avec d'adorables paysages brumeux par *Soâmi* ; une petite pièce d'une somptuosité sans égale, dans laquelle *Eitokou*, sur un fond d'or quadrillé, étendit les branches de grands pins bruns auprès d'une large surface d'eau bleue sans perspective, audacieusement décorative avec ses rehauts d'or, tcut à fait dans l'esprit grandiose de ses grands ancêtres Tosa, auxquels se rattache plus étroitement *Mitsuoki*, peignant un grand arbre tout en fleurs couvert de ramiers. Puis, dans l'étroit tokonoma, commence le défilé des beaux kakemonos. C'est, de *Jasokou*, une *Kwannon* en blanc et noir, méditant, assise sur le rocher ; c'est un *Sakia-Muni* assis, rêvant (d'un rêve si lointain !) dans sa belle robe d'un rose fané aux plis onduleux et doux ; quelle douceur de modelé, quelle onction, et comme ce visage penché vers le vide en sonde sans vertige l'infini ! Sur la soie du kakemono, Rikyu, contemporain du peintre, l'esthète et le législateur des cérémonies du thé, écrivit une poésie. Le Shinjouân fut son temple ; il y donna les plans du petit chaseki sur les dessins exacts du bonze Shukô, son maître, qui de Chine avait rapporté les règles pour faire du thé vert en poudre le breuvage du suprême cérémonial, et les dispositions du *Teigyoku*, le jardin de jade, la perle des jardins. C'est, de *Shunkyo*, le maître chinois, deux coqs combattant, dont les têtes aux crêtes de sang, dont les plumes hérissées d'une folle exécution, montrent assez tout ce que Okio dut à l'influence de ce maître, dont il adopta une partie du nom. C'est, du vieil empereur Chinois *Kisokotei*, une Kwannon aux traits fins, caressés d'un pinceau infiniment doux ; c'est, de *Gekko*, un élève du Song Mokkei, une autre Kwannon assise auprès de la cascade, au visage rond, au nez légèrement aquilin, peinte dans une atmosphère un peu rouge, ambrée, en traits noirs d'une idéale souplesse, et qui révèle un type et nu style dont s'est souvenu *Chodensu*.

Une très belle peinture bouddhique, dont il ne faudrait accepter l'attribution à *Kanaoka* qu'avec beaucoup de réserve, représente Kwannon rose, noire et cr, enveloppée de ses lon-

gues et légères écharpes, debout sur le lotus ; dans le bas de la
composition, un homme, sur une barque, et l'enfant mains
jointes sur un petit esquif, défient la colère des vagues. Un
très beau paysage de *Shiubun*, très chinois, représente un défilé
de montagnes, avec les sapins barrés par la brume.

Le temple du *Riôko-in* a aussi son chaseki sur les plans
de *Kobori-Enshu*, le rival de Rikyu, l'autre arbitre des cérémonies du thé, et sa célèbre décoration des corbeaux sur l'arbre
au bord du lac par Tanyu. Sa réserve de kakemonos chinois
est admirable ; avec sa suite splendide des seize Rakkans par
Ganki, à rapprocher de ceux du Musée de Boston ; avec ce petit
paysage exquis de *Baen*, ce kiosque et ces arbres crochus dominant de si haut un lac de montagne ; avec ces deux œuvres prodigieuses de *Mou-hsi* en japonais Mokkei (milieu du xiiie siècle),
cette rangée de fruits en surprenante nature-morte, et surtout
cette branche de châtaignes, exécutées d'une encre noire pénétrée
de bleu, mais si fluide, si mouillée à fleur de soie, qu'il n'est
pas d'aquarelle dont la subtile, mystérieuse et folle exécution
puisse lui être comparée ; œuvre géniale, parce que véritablement créatrice, que rien dans l'histoire d'aucun art n'avait
jamais précédée, et qu'un peintre, au xiiie siècle, sous les
Song en Chine, exécutait en se jouant, ingénûment, librement,
sans se douter des lentes et mystérieuses répercussions que tant
d'âmes d'artistes, à commencer par les Japonais, ressentiraient
d'œuvres semblables au cours des siècles ; — avec enfin ce
beau *Jizo* aux chairs veloutées d'un peu de rose, dans sa belle
robe d'un brun violacé aux bandes d'or si discret, d'âme bien
japonaise et où s'exprime toute la noble pensée de la grande
époque qui précéda Kamakura.

Dans un temple voisin, le *Koto-in*, deux paysages attribués au fameux peintre chinois *Godoshi*, sites de montagnes du centre de la Chine, grandes cluses rocheuses à profonds précipices, aux parois desquels s'agrippent désespérément les pins, sont admirables par la justesse avec laquelle sont indiqués les plans successifs, sont dessinés et peints les rochers ; sur un étroit espace surplombant, deux petits personnages qui causent indiquent étonnamment l'échelle et la proportion relative des choses.

Au temple *Kô-Hoân*, *Kobori-Enshu* dessina le petit jardin à l'imitation des huit vues fameuses du lac Seiko ; quelques belles peintures de *Sumiyoshi* (un Bouddha assis dans sa robe rose transparente), de *Chodensu* (une Kwannon et un beau *Dharma* aux gros yeux dilatés, la tête enveloppée d'une étoffe rouge éteinte), de *Noâmi* (un Dharma assis et rêvant au bord de l'eau, et deux oies volant au-dessus des roseaux, le cou bas, la tête infléchie, ou criant au milieu des herbes, œuvres merveilleuses de douceur, de fluidité), et surtout de *Sesshiu* le grand peintre japonais de la deuxième moitié du XVe siècle. Il se trouve là quatre kakemonos fameux du maître, représentant des Rakkans assis sur des rochers, ou descendant du Ciel sur des nuages, dont les visages sont contractés ou grimaçants, dont les vêtements tombent en chutes de plis un peu compliqués. Le dessin en noir en est magnifique, nerveux et emporté ; un cachet ovale, dissimulé dans des parties ombrées de gris et enfermé entre deux traits, indique le prix qu'y attachait Sesshiu, qui ne l'apposait que dans ses œuvres préférées ; sur la boîte, *Kobori-Enshu*, d'une admirable écriture, authentiqua l'œuvre et donna sur elle son avis. Trois autres kakemonos tous bien curieux et originaux : dans de petits disques, des *Kwannon* sont assises près de la cascade, ou debout sur la carpe que soulève le flot, ou sur un rocher isolé, la tête tournée de profil ; le coloris en est rare, d'un jaune d'un ton chaud et bruni ; les figures longues, d'un type un peu chinois, gouachées en blanc. Enfin, sur une autre feuille, rien autre qu'un cercle parfait tracé en noir, et une signature, simplement le tour de force d'une circonférence tracée à main levée d'un seul coup de pinceau : et cette œuvre de Sesshiu, vraiment unique, jouit d'une considération qu'expliquent les trois boîtes dans lesquelles elle est conservée, le merveilleux encadrement de soie chinoise si ancienne dont elle est entourée. — Peut-être enfin faudrait-il rajeunir une admirable peinture d'une oie s'abattant dans les roseaux, les deux pattes d'un ton noir si profond qu'un artiste comme Sesshiu ou Sesson put très bien peindre, plutôt que Mokkei.

Le Kó-Hoân est également riche en poteries, car, dans tous ces temples du Daïtokuji, la passion des cérémonies du thé entraîna la possession d'objets admirables pour les célébrer, et dans la petite chambre de l'abbé, devant le foyer creux où les braises faisaient chanter l'eau de la bouilloire, ce furent des minutes délectables, quand lentement il dénoua les cordons de quatre ou cinq boîtes, que le novice avait apportées du *Kura :* un petit bol *(gosu)* chinois, d'un émail rose épais et brillant, mais si pâle, et au rebord intérieur une large zone circulaire brunie, avec la décoration de vagues caractères en noir verdâtre ; un si beau coréen très mince de parois, très maigre d'émail, presque rien qu'une glaçure un peu sèche laissant voir la terre d'un brun jaunâtre, et à l'intérieur de grosses traînées d'un blanc crémeux ; un délicieux *Kofuko* de Corée assez haut, sur un pied bas, craquelé finement, et taché de rouge apaisé pour rappeler la splendeur des érables à l'au-

tomne. Et le plus extraordinaire de tous, ce vieux *Tchosen*
bien évasé, un peu craquelé, subtilement rosé, dont la terre
noirâtre, un peu désémaillée à l'intérieur, laisse extérieurement
couler vers le bas de légères gouttes plates jaunâtres, tout
pustuleux quand on le renverse ; celui-là a quatre boîtes pour
y reposer dans sa douce enveloppe de soie ouatée, et Kizaimon,
un de ses possesseurs, le donna il y a trois cents ans à un Daïmio
Honda, puis de là au Comte Ianasawa, et en dernier lieu à
Nakamura Sosetsou, du pays d'Izumi.

Enfin le *Hô-jo* assume la direction du Daïtokuji et, comme
les autres, est riche en choses d'art. Il a des chambres décorées
de libres esquisses de paysages en noir et blanc de Tanyu ; mais
il a surtout de splendides peintures bouddhiques chinoises ;
cette majestueuse et grandiose Kwannon de *Godoshi*, assise,
aux voiles blancs, laissant transparaître sa poitrine d'un brun
rosâtre, à la robe rose et or, si intéressante à rapprocher d'une
autre Kwannon attribuée à *Kanaoka* (qui vint au Pavillon du
Trocadéro en 1900), d'une merveilleuse couleur de noirs
veloutés bordés d'ors si fins et de branches de coraux dans le
bas de la composition, œuvre de suprême raffinement, où
vraiment les Japonais venaient ajouter un peu de leur âme
suave et délicate à la vision grandiose et à l'exécution puissante et forte des Chinois. — Et cette série de 100 Rakkans,
réduite aujourd'hui à 88, puisque les 12 autres sont passés des
mains de M. Fenollosa au Musée de Boston, dont les types si
vigoureux dans de beaux paysages, la couleur franche et puissante, marquent la belle époque du début de la dynastie Yuen,
et l'heureux mélange de mysticisme et de réalisme que témoignent tant de belles œuvres d'alors. Mais l'artiste sublime,
auquel on revient encore ici, c'est Mou-hsi *(Mokkei)*, non

point tant peut-être dans ses superbes tigre et dragon en noir
sur un fond de soie grise que dans cette inimitable fleur
Higuré-fuyô, toute humide de brume, et dont la tige porte
des feuilles découpées et deux fleurs épanouies en forme de
pivoines ; réussite qui atteint au prodige, si l'on veut bien
songer un instant à la sûreté pleine de maîtrise avec laquelle
le peintre, en les opposant, a su poser les gouttes d'eau teintée
de gris bleuâtre, soit en évitant que le papier les boive, soit
en les lui laissant absorber, et en accusant en noir la vigueur
des nœuds de la tige, les boutons ou l'attache de la fleur, chef-
d'œuvre de l'aquarelle qu'aucun artiste actuel de dix siècles
plus jeune ne saurait réaliser, et qu'il n'est pas un amateur du
Japon vraiment digne de ce nom qui ne soit prêt à payer d'une
fortune, s'il le fallait. Quand Rikyu, l'homme de cour d'Hideyoshi, le reçut de son maître, il écrivit à un bonze du Daïtokuji une lettre d'une écriture magistrale lui disant que la
veille le *Taïko* lui avait dit qu'il lui donnerait la fleur peinte
par Mokkei, et priant le bonze de dire au Taïko combien cette
offre l'avait rempli de joie ; la lettre fut montée en kakemono et
est devenue depuis inséparable de la peinture, dont elle
décuple aux yeux des Japonais l'intérêt.

Le *Ho-jô* est, de tous les temples du Daïtokuji, le mieux
situé ; on l'appelle le « Mourasaki-no », le temple du violet ;
il est entouré de jardins merveilleusement dessinés et plantés,
et par de là ses massifs, des portiques qui l'entourent, le regard
dépassant les grandes haies qui lui font une clôture, erre sur la
belle plaine aux verdures calmes et douces de riz ; à l'horizon,
une grande ligne de pins, et tout de suite derrière s'étagent les
pentes des nobles collines que les brumes voilent de gris.

Ailleurs, c'est d'autres temples encore ; c'est *Ginkakuji,* le Pavillon d'argent, le lieu d'élection du Shôgun Yoshimasa, qui en fit en 1479 une demeure exquise, dont *Buson* décora les appartements de peintures, où *Soâmi* et *Okio* laissèrent de beaux paravents, et dont le jardin surtout, dessiné par Soâmi demeure une des plus belles créations de ce genre.

C'est *Kurodani*, au milieu de ses beaux arbres, créé à la fin du XIIIe siècle, mais dont rien n'a subsisté de cette primitive époque.

C'est *Eikwandô*, dans ce site adorable, au bord de son petit lac, où s'éplorent les saules, au milieu de ses pins et de ses érables, un des plus beaux et fameux sites d'automne des environs de Kyoto.

C'est *Nanzenji*, qu'habita l'Empereur Kameyama à la fin du XIIIe siècle, et que reconstruisit Yeyasu en 1606. Il reste encore de cette époque deux beaux grands portails et une pagode au milieu d'un des plus beaux parcs qu'on puisse rêver. Ses appartements en sont splendidement décorés, par *Motonobou*, de fleurs et oiseaux sur fond d'or et de personnages chinois ; par *Tanyu*, de tigres se poursuivant sur fond d'or, et de bois de bambous ; par *Eitokou*, de nobles personnages chinois sur fond doré. La réserve de kakemonos du temple est extraordinaire, particulièrement pour les maîtres chinois. La Kwannon de *Mokkei* est une pure merveille de noblesse élégante ; son visage pur est peint d'une encre pâle et les cheveux d'un noir plus vigoureux ; sa robe rouge est ponctuée de disques d'or. Toute autre est la Kwannon de *Godoshi*, assise une jambe repliée, dans une harmonie grise et rose, avec des plis d'étoffe très serrés, très souples cependant, une richesse douce d'aspect, plus atténuée cependant que dans d'autres qu'on peut voir au Musée de Kyoto, dans les collections

Masuda, Hara ou Fugita. — Bien intéressante est une mort de Bouddha entrant dans le Nirvâna de *Choshikyo*, ainsi que les 12 *Zenshin* du même, avec ce beau Bouddha assis au centre, *Monju* et *Fugen* à ses pieds, et l'étagement de nombreux personnages ; ou le même sujet encore traité par le vieux maître chinois dans une gamme d'étoffes d'un gris d'argent d'une délicatesse infinie. De beaux faucons en noir de *Rinryo*. Trois œuvres magnifiques de *Chodensu, Sakia-Muni*, d'une exécution un peu sèche et dure, encadré de *Monju* et de *Fugen* assis sur le lion et l'éléphant couchés, très supérieurs avec leurs superbes têtes à longs cheveux, le beau dessin plein de caractère et d'originalité ; et une jolie et élégante Kwannon de *Yasunobou*.

Tanyu a peint trois portraits de l'empereur Kameyama et des deux fondateurs abbés du Temple, en les représentant assis dans de grands fauteuils à la chinoise, portraits qu'on sent des pastiches de ceux des XIIIe et XIVe siècles, mais plus secs et plus durs. Dans un petit temple connexe, le *Cho-Shoïn*, est un portrait de prêtre, un absolu chef-d'œuvre de l'époque de Kamakura, de vivant caractère dans une belle robe jaune clair à bordures noires.

Le *Kodaiji* est surtout célèbre pour ses reliques d'Hideyoshi, dont la veuve l'avait reconstruit en 1605.

Le *Chion-in*, bâti sur une pente de la montagne, est particulièrement saisissant d'aspect avec sa montée magnifique de plusieurs escaliers successifs dont on perd la perspective, ses hauts portails que dépassent encore de plus hauts vieux arbres, cette disposition en gradins qui fait la si grande beauté de Nikko. Il possède d'importantes œuvres.

Intéressants comme influence chinoise sont le *Gamma* et le *Tiekkaouai*, attribués à Yen Houi (XIIIe-XIVe siècle), exécutés à gros et larges traits noirs, mais pleins d'une grande force de dessin, d'une rare puissance de couleur : de même que ce Dharma aux yeux puissants de pensée, profonde vision où l'on sent quand même le souvenir de *Ganki*.

Des dessins au trait qui furent la première idée de figures des 500 *Rakkans* sont curieux, très chinois, et n'ont guère gagné à être exécutés en ces couleurs vives, sans harmonie. Un grand portrait du premier abbé de Tofukuji, Shohitsu Kokuchi, signé *Mincho* (Chodensu) (1351-1431), avec son visage bien dessiné, un œil demi-clos, dans sa robe brune à larges raies noires, assis sur un fauteuil à haut dossier, recouvert d'une étoffe verte, n'est lui-même pas très harmonieux ; les mains en sont d'un dessin médiocre, et l'on mesure bien la supériorité de l'inoubliable portrait de prêtre très analogue dont le Musée du Louvre devra une éternelle reconnaissance à Charles Gillot. A noter qu'un portrait de prêtre de présentation très analogue, assis sur un fauteuil chinois à bois courbe, attribué à Mokkei, laisserait supposer que cette formule du portrait serait elle-même venue de Chine au Japon. Deux Rakkans de *Kandensu*, très sauvages, ont une réelle saveur.

A l'opposé de Kyoto, sur les confins sud de la ville, à plusieurs lieues du Daïtokuji, se trouvent les temples du *Tô-ji*, dont les premiers établissements datent du milieu du VIIIe siècle. On sait que Kobô-Daishi, quand il revint de Chine, vécut au Tô-ji jusqu'au jour où il partit pour fonder dans les montagnes de Yamato le monastère de Koya-San. Le Tô-ji est demeuré plein de son souvenir, et la légende qui, à travers le Japon, lui a attribué tant de chefs-d'œuvre de tout genre, a attaché son nom à quelques peintures qu'on y conserve pieusement, et pour lesquelles les traditions si anciennes, si respectables et si sérieuses sont peut-être d'accord avec la réalité. Un grand nombre des peintures du Tô-ji sont déposées au Musée de Kyoto, mais il y reste trois séries de kakemonos, extraordinaires en dehors d'un célèbre paravent à six feuilles très abîmé, que, malgré l'attribution récente à Motomitsu, je persiste à croire chinois, ainsi que le veut la tradition suivant laquelle Kobo-Daishi l'aurait reçu en don de l'Empereur Li-Lung-Chi-Yuan-sun (713-756).

L'une de ces séries, qui fut jadis montée en paravent, représente les douze Dieux *Juniten*, et est attribuée à *Takuma Shôga*, début du XIIIe siècle, figures admirables de noblesse, de grandeur, de sérénité, et peintes dans des valeurs riches, mais sourdes, dont l'accord est souverain : l'une d'elles, la Lune, figurée, ce qui est rare, de profil, présente dans un croissant que supportent ses deux mains un lapin ; son corps long et mince est drapé d'une souple étoffe à plis verticaux, qui lui fait une harmonieuse enveloppe jaune et or.

Mais, malgré leur réelle beauté, qu'est cela à côté des douze Dieux Juniten attribués, non sans de justes raisons, à *Kobo-Daishi*? Et à quels sommets l'art religieux à cette minute était-il parvenu ! Force expressive du dessin, puissance de la couleur, visions terribles du Divin qui bouleverse l'âme, ou calme serein qui l'apaise, les plus fermes accords et les plus suaves harmonies, peintures comme jamais on n'en fit pour arracher un moment l'Homme à la Terre et l'emporter dans le rêve métaphysique le plus profond et le plus lointain ! Ce rêve, la douce imagination japonaise ne pouvait l'ébaucher ; il a fallu que les visions de l'Inde lui parvinssent à travers la forte pensée chinoise. Et, les recréant au feu purifiant de son

UNE DES 5 DIVINITÉS, GÔDAÏ KIOKUZO
CHEVAUCHANT UN PAON,
ATTRIBUÉE A L'ÉPOQUE DE KOBO-DAISHI,
VIIIe SIÈCLE ?

génie, elle engendra ces œuvres d'art uniques au monde, en en
faisant des œuvres de pensée, en même temps que suprême-
ment décoratives. Car elles étaient là réunies devant mes yeux
sur les murs d'une chambre du Tô-ji, les douze grandes peintures des Dieux, puissantes à en faire craquer les minces
cloisons, et qui attendront longtemps la destination décorative
où elles pourraient produire leurs grandioses effets. Et, une
minute après, elles rentraient dans le coffre aux lourdes ferrures
d'où les prêtres n'avaient jamais consenti à les sortir depuis
vingt ans. Chaque Dieu est assis de face sur le lotus ; les bustes
nus dessinés à traits fins, modelés de rose, portent quelques
joyaux d'or mat ; les jupes rouges, d'un vert décoloré, ou
brunes, sont semées de médaillons d'or ; et à ses pieds, de
chaque côté, un personnage est assis également de face. Ce
sont des Dieux terribles, et ce sont des Dieux doux, visions
d'Enfer et visions de Paradis. Fugen, le Vent, se raidit, en
armure, dans un envolement de banderolles, et ses yeux terribles fixent éternellement le but inexorable. Mais Suiten,
l'Eau, a des chairs lumineuses et fraîches, d'un blanc transparent, étrange, comme lunaire, qu'éclairent des bijoux d'or.
Elle est coiffée de bleu, mais d'un bleu si pâle d'hortensia que
sa figure en apparaît plus douce et plus suave encore.

Après cela, la série des cinq Dieux de puissance surnatu-
relle, *Gôdairiki*, attribués aussi à Kobo-Daishi, tout admirables qu'ils soient, perdent un peu de leur puissance. *Fudo
Gozanze, Kongoyasha, Daïtoku, Goundari, Miyôo* ont plusieurs
têtes et plusieurs bras ; ils sont peints dans des tonalités
bleues que le temps a verdies par places ; leurs bouches de
carmin vocifèrent, leurs bras gesticulent, et ils se profilent en
terribles silhouettes sur un fond de flammes écarlates.

Le Tô-ji a conservé une partie de ses trésors de sculpture : une immense Kwannon aux trente bras, en bois doré, debout cu encadrée de ses quatre gardiens-Dieux en armures, debout aussi, très droits, sans hanchements, et piétinant les démons ; un grand *Fudô*, très noble, figure calme, un glaive à la main, dont le torse et les bras sont une merveille de force expressive, attribué à Kobo-Daishi ; une divinité à trois têtes et quatre bras en bois naturel, assise sur le lotus que portent trois oies peintes en blanc ; une extraordinaire Divinité de fureur à trois têtes, avec des dents en crochets au coin de la bouche, piétinant avec rage deux corps renversés ; et, dans un reliquaire, un *Emmé-Jizo*, en bois, d'un aspect lourd, encombré de plis. Ce qui est plus rare, c'est une série de cinq Divinités *(Gô dai Kiokuzo)*, montées sur cinq animaux, un éléphant, un lion, un cheval, un griffon et un paon. Divinités bienfaisantes, dispensatrices de trésors matériels. Elles sont en bois noirci, assez grossièrement taillé au ciseau, sans finesse ni grâce ; les corps sont très minces ; les figures longues sont un peu joufflues ; la tradition veut qu'elles aient été rapportées de Chine par Kobo-Daishi, il y a mil cent cinquante ans ; elles indiquent en tout cas une influence hindoue indéniable, et il ne serait pas impossible qu'on en arrive un jour à leur donner une origine aussi lointaine.

II

Si le Kamogawa coupe Kyoto en deux villes, que relient l'une à l'autre cinq grands ponts de bois, la ville de la rive gauche s'est trouvée, entre le fleuve et les montagnes voisines,

assez resserrée pour ne pouvoir prendre le développement
qu'avait pris la ville de la rive droite. Entre cette merveilleuse
chaîne de montagnes de Higashyama, couverte d'un manteau
royal de forêts, interrompue de vallées boisées où se cachent
mystérieusement les beaux temples, s'étend en longueur un
vaste quartier dont les centres principaux sont *Gion* et *Kyomitsu*, et que les accidents du terrain, ses pentes rapides, ses
ressauts, ses creux verdoyants rendent infiniment pittoresque.
C'est le quartier des potiers, et des rues entières étalent la
variété inépuisable de toute la vaisselle d'usage, où l'âme des
vieux potiers d'autrefois a survécu. Ce sont les plus charmants
quartiers de Kyoto, parce que c'est là que la promenade offre
le plus d'imprévu, et, pendant plusieurs lieues, en suivant les
pentes de ces collines, le long des chemins bordés de jardins,
sous l'épaisse feuillée des immenses arbres toujours verts,
ou allumant au soleil d'automne les incendies de leurs feuillages
pourprés, sur les pentes d'où se découvrent tout à coup de
grandes vues panoramiques sur l'autre ville, c'est une série
d'enchantements comme peu de villes sont capables d'en
causer. C'est là surtout que Kyoto est adorable et qu'on ressent
le mieux son charme vainqueur, et comme toujours, au Japon,
l'Art et la Nature agreste s'y associent pour vous mieux sub-
juguer.

Tout le long de ces belles collines, presque impénétrables,
privées de tout sentier, que chez nous notre goût pour la
marche et la découverte aurait rendues si près de la ville des
lieux de promenade populaire, et qui sont demeurées absolument sauvages, sont nichés tous les beaux temples au milieu
de leurs jardins, de leurs parcs. Ce sont là les buts de promenade des Japonais ; tous ont des fêtes à dates fixes dans l'an-

née, sans compter les innombrables occasions de s'y rendre en foules joyeuses pour y voir se lever la Lune d'automne, fleurir les cerisiers ou les pruniers, rougir les feuillages éclatants des *mommiji*. C'est alors comme une ivresse, à laquelle le divin saké n'est pas toujours étranger.

Nous avons visité déjà ces délicieux sanctuaires du Ginka-kuji, de Kurodani, d'Eikwando, les merveilleux trésors du Nanzenji, le site grandiose du Chiôn-in et ce beau temple du Renge-o-in ou Sanju-Sangendô, dans lequel ce spectacle unique vous est réservé d'un hall immense où, sur plusieurs gradins superposés, se tiennent debout, fières, dans leurs armures laquées d'or, mille figures de Kwannon aux onze visages ; et, bien que le type en ait été fixé, il est étrange de voir par quelles subtiles nuances chaque visage se diversifie de ceux qui l'entourent. Dans la longue galerie qui court derrière le temple, sont encore conservées des statues de bois laqué admirables de *Shi-Tennos*, dont certaines sont déposées au Musée de Kyoto, et qui comptent sans doute parmi les plus grands chefs-d'œuvre d'*Unkei*, le sculpteur génial de Kamakura, qui vécut à la fin du XIIe siècle et au début du XIIIe.

Au sommet de ce quartier de Kyomitsu, que domine la belle Pagode aux cinq étages qui commande la vue de toute la vallée, la Yasaka-Pagode, s'élève un des temples les plus populaires de tout le Yamashiro. Une rue de boutiques d'objets de piété le précède, et, tout au long de l'année, les pèlerins affluent au temple de *Kyomizu-déra*, consacré à Kwannon. Le grand portail rouge franchi, un large escalier conduit à un premier petit temple, qui, par une galerie latérale, communique avec le grand. Ici encore, comme si souvent au Japon, le

monument a son plan nécessité par la situation naturelle où il
se trouve, et ne tirera tout son effet que de l'accord où il se
trouvera avec la Nature. Il existe en cet endroit un immense et
profond ravin, encombré d'arbustes, toujours frais d'eaux
courantes et de cascades, où les fidèles, en descendant d'interminables escaliers, vont faire des ablutions religieuses. C'est à
pic sur ce ravin (qui à l'automne flambe comme un incendie
des rouges braises de toutes ses feuilles d'érables, aux invraisemblables féeries des soleils couchants) que le temple fut
construit sur de gigantesques pilotis, sur de monstrueux troncs
d'arbres, qui l'étayent au flanc de la colline. Un long portique
à piliers carrés de bois massif l'entoure, domine le ravin et
l'immense horizon de la ville et de la plaine. A quelles belles
fêtes du Ciel et de la Terre on assiste de ce prodigieux balcon !
Le temple projette en avant deux petits portiques débordant,
qui prolongent son énorme toiture, une des plus belles choses
qu'on puisse imaginer, par l'arrangement de ses courbes
harmonieuses ; cette couverture de lamelles de bois tassées,
compactes en une masse, que le temps a brunies, est devenue
comme une belle tenture de velours prune.

Plus loin encore et bien en dehors de la ville, dans un parc
aussi solitaire que peut l'être celui du Daitokuji, s'élèvent, sur
les bords d'un autre ravin moins grandiose, que franchissent
des ponts et des longs portiques couverts, les constructions du
Tofukuji, qui remonte au XIIIe siècle. Le grand peintre japonais Chodensu, qu'on nomme aussi Mincho, vécut ici une vie
monastique vers 1400, et le temple conserve encore quelques-
unes des plus belles peintures qu'il y exécuta, et entre autres sa
Mort de Bouddha, la plus grande peinture que l'on connaisse au
Japon et qui n'est déroulée qu'une fois dans l'année, à la fête du

17 novembre, dans le hall énorme d'un des temples, sous le plafond duquel elle est hissée par un treuil.

Mais bien plus remarquable au point de vue de la qualité est une immense Kwannon de Chodensu assise sur le roc que viennent battre les vagues, au milieu des nuages enroulés qui l'entourent, exécutée d'un trait si sûr et si ferme toute gouachée de blanc, et d'une beauté décorative de grande tapisserie.

CHAPITRE XII

NARA

C'est ici le cœur même du vieux Japon, où il prit vraiment conscience de sa nationalité ; et, dans cette vieille capitale du VIIIᵉ siècle, s'est épanouie une fleur de civilisation, comme on n'en vit pas fleurir beaucoup de plus brillantes sous d'autres cieux. Jusqu'alors ses souverains, sujets à l'étrange supersti- tion qu'il était impossible de vivre dans des lieux où un ancêtre ou un prédécesseur étaient morts, abandonnaient l'ancienne capitale pour en créer une nouvelle ; ces perpétuels change- ments, qui ne permettaient pas d'édifier quelque chose de durable, n'ont laissé dans la mémoire des hommes aucun souvenir. Il fallut que la civilisation chinoise, transmise par la Corée au Japon, y poussa d'assez fortes racines pour donner à

ce peuple l'impression du définitif et du durable ; ce jour-là
Nara était fondée, et, sous sept souverains depuis 710 jusqu'en
794, allait développer en pleine paix les splendeurs d'une ère
incomparable. Elle est aujourd'hui bien déchue et n'occupe
plus que la dixième partie de sa superficie ancienne : la plus
grande partie de la ville, qui s'étendait dans la plaine, n'a pas
laissé la moindre trace de son existence. La ville moderne
occupe, au penchant de vertes collines, les derniers mouvements onduleux des belles montagnes couvertes de forêts qui
abritent encore quelques-uns de ses beaux temples. Ce sont
ceux qui sont encore visités ; un peu de vie les anime toujours,
et les pèlerins n'en ont pas oublié le chemin. Mais les autres,
ceux qui sont bien loin et isolés dans la plaine, ayant perdu
depuis longtemps tout contact avec le monde, déchus de leur
antique splendeur, retournant chaque jour un peu davantage
au néant, ceux-là sont infiniment mélancoliques, et les extraordinaires trésors d'ancienne sculpture qu'ils ont toujours
conservés n'en sont que plus émouvants dans ce silence et
cet oubli, où leur orgueilleuse beauté se console de tout,
même de n'être plus comprise.

C'est à Nara qu'il faut venir pour découvrir ceci, qu'il y
eut pendant plusieurs siècles au Japon des ateliers de sculpteurs qui taillèrent dans le bois ou fondirent en bronze des
images prodigieuses, dont l'idéale et mystique beauté, dont la
vie intense et l'extraordinaire caractère ont égalé les plus clas-
siques chefs-d'œuvre des sculptures égyptienne, grecque et
française. Sans doute son domaine y fut limité à deux grandes
tendances artistiques, dont ses artistes ne cherchèrent pas à
dévier, la représentation des Dieux, la représentation des
Prêtres. Très rares sont les représentations civiles, et très rares

LE PARC DE NARA

LE SHO-SO-IN, TRÉSOR IMPÉRIAL
A NARA

LE TEMPLE D'HORIUJI

aussi à ces époques la sculpture décorative, rentrant alors
encore dans les représentations divines. — Mais, dans ces deux
grandes voies, ils ont atteint au sublime, et c'est à le constater
qu'aboutit toute promenade dans les temples de Nara et
d'Horiuji, et c'est à le proclamer que doivent tendre les inves-
tigations critiques du xxᵉ siècle. C'est un des derniers champs
qui restent à explorer ; et, avant que l'archéologie japonaise
soit devenue scientifique, continuerons-nous en Europe à
l'ignorer obstinément.

Que Nara est belle, endormie dans les souvenirs de son
passé, dans le vert écrin de ses forêts, de ses rizières ! Ce n'est
pas pour cette petite ville provinciale, active à ses petits métiers, à ses occupations de petits commerces, qu'un si beau
parc étend jusqu'aux forêts voisines la majesté de ses avenues,
la folle poussée de ses grands arbres, le calme de ses grandes
pelouses, où rôdent les troupeaux de daims familiers. Il y a
quelque chose de disparu qui manque à l'harmonie de ce bel
endroit, et ce quelque chose bien mort à tout jamais remplit
l'âme de mélancolie. Elle flotte dans l'air et vous étreint à
l'heure où si vite, au Japon, les dernières heures du jour sont
prêtes à sombrer dans la nuit ; un petit lac d'une courbe adorable a trouvé son creux au pied même de la terrasse qui porte
la grande Pagode ; il est là, serré entre elle et les premières
maisons de la ville. La Pagode immense qui le domine ne saurait trouver place à y réfléchir son image, et le petit lac intime
se rapproche au contraire des maisons amies qui le bordent.
Partout s'éclairent les baies aux carreaux de papier, derrière
lesquelles se meuvent des ombres japonaises ; et des chants
lents et nasillards s'accordent aux *sha-misen*, qui commencent
à préluder aux petites fêtes de tous les restaurants voisins.

A travers ce vieux parc émouvant de noblesse ancienne, de grandes allées convergent à l'orée de l'immense forêt sauvage qui couvre la montagne ; des biches et des faons aux grands yeux langoureux viennent quêter de leurs museaux humides les pâtes feuilletées que débitent de place en place les éventaires des marchands. Le nombre de ces charmantes bêtes familières est d'environ cinq cents ; il est absolument interdit de les tuer ; elles appartiennent aux temples et ont un caractère sacré. Et, chose étrange, jamais il n'arriva qu'on ait retrouvé le cadavre d'aucune d'entre elles ; sentant venir la mort, elles doivent aller l'attendre, terrées aux plus solitaires halliers de la forêt.

L'une de ces larges avenues pénètre bientôt sous les futaies des bois ; de chaque côté, une ligne ininterrompue et serrée de lanternes de pierre indique l'approche d'un temple ; leurs petites portes de papier opaque sont tout enfumées des chandelles qu'on y allume chaque année à la grande fête du 3 février.

Le *Kasuga-no-Miya* est, après ceux d'Isé et d'Izumo, un des plus fameux temples Shintô du Japon ; il fut fondé en 767 et dédié à l'ancêtre de la famille des Fujiwara. Comme tous les temples shintoïstes, il est d'une simplicité extrême, et l'on n'y trouve aucune des recherches de richesse décorative qu'on rencontre dans les temples bouddhistes. On est surpris de n'y rien rencontrer de représentatif de la Divinité à quoi puissent s'adresser les prières, si ce n'est le miroir et l'épée symboliques. Dans une salle spéciale, à côté d'une très curieuse table à huit pieds incrustée de burgau, dite *Kasuga-Choku*, sont conservés la splendide armure et le casque de Yoshitsuné, le frère du 1er Shôgun Yoritomo, et l'un des héros les plus populaires du Japon. Cette armure célèbre, en bronze doré et ajouré d'oiseaux et de bambous, et le casque extraordinaire aux deux grandes ailes, furent admirés à l'Exposition du Japon à Paris en 1900.

En continuant à suivre vers le Sud les sentiers de la forêt, on débouche à la limite de la ville, dans un quartier désert de jardins, où se trouve le *Shin-Yaku-Shiji*, le temple des Cent Médecines. Comme c'est la règle à peu près générale pour tous les temples du Yamato, dans la région de Nara et d'Horiuji, nous nous trouvons ici devant des dispositions assez nouvelles. Nous les avons déjà rencontrées dans certains temples de Kyoto, mais, faute des sculptures disparues, qui les auraient rendues intéressantes, nous ne nous y sommes pas arrêtés. Ici tous les temples ont conservé une partie de leurs sculptures, les autres ayant été transportées au Musée de Nara. Dans la vaste enceinte qui constitue ici aussi un temple, se trouve toujours une vaste construction quadrangulaire, d'une très grande élévation, généralement isolée du sol par un pilotis d'énormes pierres plates, et souvent entourée d'un portique surélevé à un mètre du sol, abrité par l'énorme auvent de la toiture. Aucune division intérieure, mais seulement une estrade centrale, souvent de pierre, sur laquelle sont placées les statues dont le poids est parfois considérable quand elles sont de bronze. Pas la moindre décoration à l'intérieur, il semble toujours qu'on se trouve dans une grange. Devant le gigantesque Bouddha qu'on voit généralement au centre, un petit autel est installé devant lequel le prêtre peut dire l'office ; mais on sent dans ces vastes édifices l'abandon, l'oubli, la désuétude. Les gigantesques portes grincent douloureusement quand on les ouvre pour avoir un peu de lumière ; on sent

une terrible humidité qui vous pénètre, et les formidables
divinités vous apparaissent tellement inaccessibles, si lointaines, perdues dans leur rêve éternel, ou tellement menaçantes
quand elles vous poursuivent de leurs regards courroucés,
qu'on ne peut imaginer qu'aucune âme soit jamais venue chercher en ces lieux la consolation dans la prière.

Au *Shin-Yaku-Shiji*, autour du grand Bouddha de bois,
sont groupés les quatre dieux gardiens sculptés en terre peinte
et dorée, dans leurs belles armures. Dans une chapelle-reli-
quaire, une petite Kwannon en bronze d'une admirable simplicité porte une robe à longues manches qui décrit de belles
courbes en suivant le mouvement des jambes. Un prêtre assis,
en bois peint, dont le dos est couvert d'inscriptions, tient dans
sa main une fleur de lotus. Une petite statue de *Shotoku-
Taishi* enfant est debout, les mains jointes, dans la pose de la
statuette analogue du Musée de Nara.

Le temple est occupé par des nonnes, et, dans le *tokonoma*
de leur salle de réception, un grand kakemono, représentant
la mort de Bouddha, du temps des Fujiwara, avec ses personnages pleurant, gesticulant les mains tordues, dans des
tonalités claires de verts et de jaunes, rappelle assez par le
dramatique de son expression et sa composition certaines
mises au tombeau de Donatello ou de Riccio.

Dans le même quartier, plus près de la ville, est le *Kofukuji*, un des plus célèbres temples de Nara, dont la première
fondation remonte à 710. Avant qu'on n'en ait transporté
quelques-unes au Musée de Nara, c'était un des plus extraordinaires trésors de sculptures bouddhiques du Japon ; et celles
qui s'y trouvent conservées dans une grande salle garnie de
vitrines, comptent parmi les purs chefs-d'œuvre de cet art.

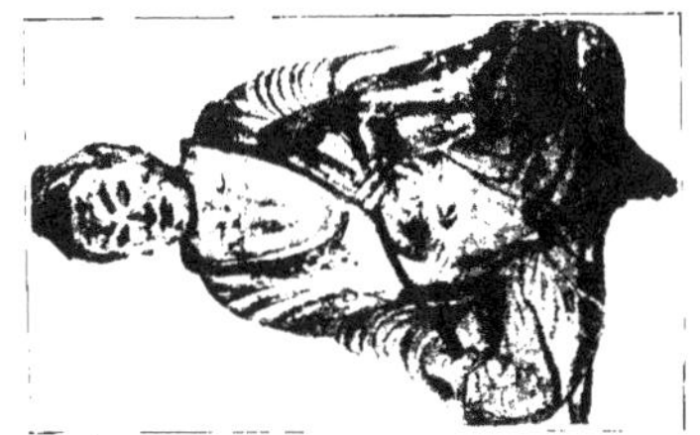

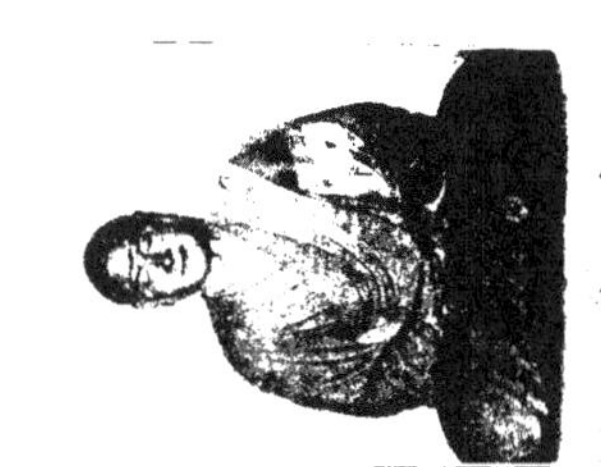

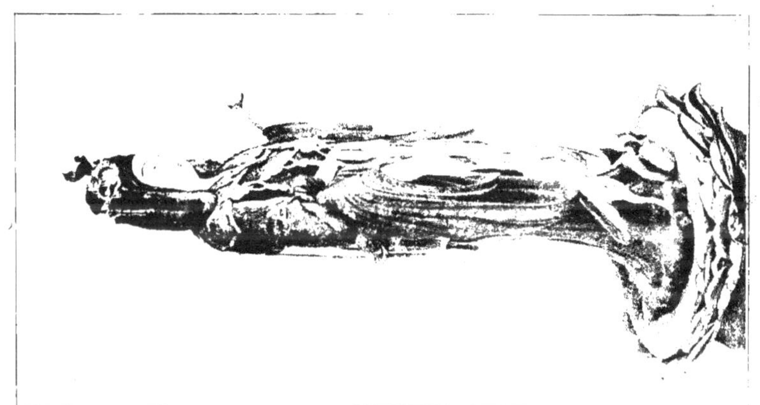

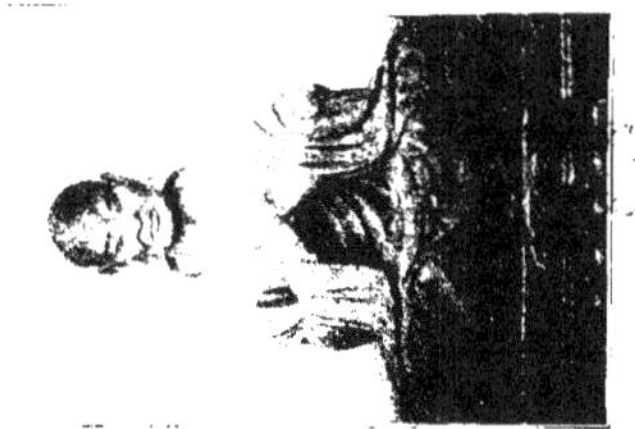

KWANNON EN BOIS LAQUÉ
MUSÉE DE TOKIO — MUSÉE DE NARA

STATUES DE PRÊTRES EN BOIS LAQUÉ. — MUSÉE DE NARA

Dans le *Kondo*, sur la vaste estrade centrale, une gigantesque statue de Bouddha assise, en bois doré, est assistée des deux statues habituelles de Bosattsous plus grandes que nature, debout et bénissant ; et, aux quatre angles, se tiennent les Shi-Tennô, les quatre Dieux du Ciel qui protègent le Monde contre les attaques des Démons, et qui, dans leurs armures magnifiques, dans leurs attitudes de force auguste et calme, brandissant le glaive ou la lance, le regard intrépide, le pied sur le Gnôme malfaisant écrasé contre la terre, sont les plus belles images de la Force, égide du Bien et éternellement victorieuse du Mal. Quel admirable thème plastique proposé aux sculpteurs ! Pendant plusieurs siècles et dans des statues innombrables, ils ont cherché à fixer la beauté idéale de ces quatre figures, en leur prêtant l'expression de l'impitoyable rigueur, de l'inexorable châtiment appliqué aux œuvres du mal, comme aussi celle de la noble et sévère justice, douce aux bons, dure aux méchants. Et la peinture ou le laque d'or, apportant à ces figures la couleur et la richesse, en faisaient des objets précieux, expressifs et pittoresques.

Dans un des autres bâtiments du Kofukuji, le *Nan-en-dô*, six statues de prêtres assis, tenant en mains leurs cassolettes à encens, dans leurs robes souples dont les plis sont largement étalés autour d'eux, poursuivent dans l'ombre de cette retraite leurs méditations ou leurs prières ; leurs visages ont une puissance d'expressions individuelles, leurs yeux de verre une intensité de vie ; les plis de la bouche indiquent tant d'amertume résignée, les veines du front tant de pensée réfléchie, qu'on ressent quelque inquiétude à sentir tous ces regards aigus croisant les vôtres, et vous pénétrer de tant d'interrogations muettes que la méditation de plusieurs siècles a enrichies de pensées si profondes ; l'un d'eux a une figure énergique et fière, pleine de volonté calme, projetant sur la vie un regard direct ; et un autre, les mains jointes, dans le repliement de toutes les forces de sa pensée, est la plus sublime représentation de la ferveur dans la prière ; un autre encore, dans la contraction des traits de son visage, est émouvant, pauvre âme bouleversée, qui cherche un point d'appui moral, et ardemment supplie. Et toutes ces statues sont inoubliables par leur beauté expressive et leur noblesse plastique : c'est une des sculptures les plus pures et les plus belles de l'humanité, les plus grandioses par leur largeur et leur simplicité, les plus émouvantes d'intimité, et qui, antérieure à la période de Kamakura, nous montre quel art admirable florissait déjà au Japon sous les Fujiwara aux XIe et XIIe siècles.

Tout à côté dans le *To-Kando* de l'Est, deux figures merveilleuses de Benten et de Taishaku, représentations japonaises du Brahma et de l'Indra hindous, en bois laqué et doré, sont debout, drapées dans une tunique souple dont les plis tombent en chutes lentes et calmes, faisant aux poignets qui la relèvent de longues manches, décrivant sur les jambes qu'elle dissimule à peine des courbes harmonieuses, et laissant apparaître un peu du buste que défend une fine armure. Figures dont la noblesse calme, la sereine majesté, sont empreintes d'un certain caractère guerrier, et qui font invinciblement songer à la Minerve antique.

A l'autre extrémité des collines forestières dont le temple Kasuga-nô-Miya forme le centre, sont groupés les temples fameux du *To-daïji*. Le San-Gwatsu-dô renferme lui aussi de grands chefs-d'œuvre de sculpture : cette gigantesque Kwannon en bois doré et laqué, entourée de ses deux satellites en

TUE DE BRONZE ARCHAÏQUE
TEMPLE D'HORIUJI

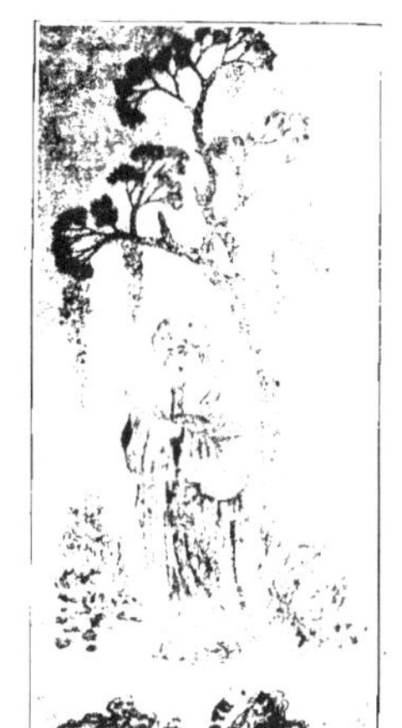

FEUILLE PEINTE DE PARAVENT
AU TRÉSOR DU SHO-SO-IN

BOSATSU DE BRONZE
TEMPLE YAKUSI-JI DE NARA

STATUETTES ARCHAÏQUES EN TERRE CUITE AU TEMPLE D'HORIUJI

terre blanche polychromée, debout, très purs, très calmes, les mains jointes, et de ses dix dieux gardiens en armures et casqués, splendides de gestes et d'attitudes, affirmant l'autorité et le pouvoir divins (VIIIᵉ siècle) ; un extraordinaire Fudo, assis une jambe repliée sous lui, brandissant le glaive de la main droite, a la bouche contractée de ses vociférations, alors qu'à sa gauche un Dieu terrible, les cheveux épandus par un vent de terreur, porte la main à son front, comme pour y calmer les impulsions de la colère, et qu'à sa droite une figure plus douce, aux traits fins presque féminins, semble apporter dans cette atmosphère chargée de menaces un peu de l'apaisante bonté et de l'éternelle douceur si nécessaires au cœur des humains.

Un peu plus loin, le *Ni-Gwatsu-dô*, se tient sur ses hautes poutrelles en pilotis, accroché aux flancs de la belle colline, dont les bois sont murmurants de cascatelles. La grande galerie qui le ceint domine un des plus beaux horizons qui se puissent voir : devant vous s'épand toute la vaste plaine, où un peu sur la droite l'antique Nara occupait jadis de vastes espaces. Un cryptoméria gigantesque, étendant les unes au-dessus des autres ses amples branches horizontales, fait le premier plan de ce grandiose paysage : la vue passant au-dessus de lui, puis au delà des toits gris de la ville, des bois et des collines bleuâtres, trouve à se reposer sur l'océan vert clair des rizières, ponctuées du jaune changeant des fins et légers bois de bambous, du vert sombre immuable des pins.

Un peu plus bas encore dans une chapelle du vieux temple *Ryôben-dô*, se trouve le portrait en bois peint de style Tang de son fondateur, Ryoben-Sojô, sculpté en sa mémoire après sa mort survenue en 773. Celui-ci est le chef-d'œuvre des chefs-d'œuvre, et il n'en est peut-êtie pas de plus émouvant, dans la statuaire de tous les temps, Il est assis très droit, dans la plus simple des attitudes : sa figure longue, sévère, est belle de calme et de sérénité : quatre plis aux commissures des lèvres, des rides au front indiquent assez que cette vie, comme tant d'autres, ne fut pas exempte de tourments ; tout le reste est modelé sans détails, à larges plans, d'un ciseau sûr et sans hésitaticn. Dans sa main nerveuse et fine, il tient le *niô-i* en bois laqué, légèrement recourbé du bout, assez analogue à la crosse de nos abbés, et qui est ici un objet de dévotion particulière, car ce fut son propre niô-i qu'après sa mort on mit ainsi dans la main de son effigie : sa robe, au col croisé, laissant le cou décuvert, est peinte en rouge et en vert ; la simplicité de son drapé est tout à fait semblable à celle des plus beaux antiques. La peinture précise de ses prunelles, le rouge éteint de ses lèvres avivent encore la véracité de son expression. Quel portrait ! C'est un des grands mystères de l'Art, qu'après tant de siècles révolus, une effigie humaine affirme ainsi de façon absolue la vérité de son caractère par la petite secousse et l'émotion que nous ressentons à sa vue.

Dans ce beau parc où s'essaiment ainsi les Temples du To-daïji, une immense construction renferme encore le gigantesque Bouddha, Dai-butsu, qui servit de modèle à celui de Kamakura, et est une des plus grandes statues du monde. Formée de larges plaques de bronze soudées les unes aux autres sur une âme de bois, ne mesurant pas moins de 16 mètres, il fut mis en place en 749, et le temple qui devait l'abriter fut édifié l'année suivante. Mais des incendies au cours des âges nécessitèrent des réédifications, et l'état actuel date du début du xviiie siècle ; la tête du Bouddha, fondue ainsi que la lan-

terne en 1183 par des Chinois, dut remplacer l'ancienne. —
Cette image est si colossale que la main levée qui bénit semble
en ce geste s'adresser à l'Univers entier ; ses traits si gros,
les proportions du corps si énormes sont faits pour saisir, et
son immense et inaltérable sérénité vous entraîne au néant
où toutes choses de ce monde sont invinciblement attirées.

Le Shyô-sô-in (Trésor impérial). — Défendu par un grand
mur d'enceinte, gardé jour et nuit par des sentinelles, inac-
cessible à la curiosité des passants, une immense grange
s'élève au milieu des grands arbres. L'on ne saurait, à vrai dire,
dénommer autrement la vénérable construction qui abrite
les collections du Trésor impérial ; supportée à 2 mètres au-
dessus du sol par de forts piliers en maçonnerie, l'immense
construction rustique, faite de madriers de pins à peine équarris,
entourée d'une galerie circulaire à laquelle accèdent trois
escaliers droits, percée de trois lourdes portes aux battants
armés de fer, est couverte d'un beau toit à pentes légèrement
incurvées faites de lamelles de bois superposées comme des
ardoises, et dont l'aspect étoffé est celui d'une belle peluche
brune. Ces trois portes donnent accès à trois vastes salles que
garnissent sur leurs trois murs de grandes vitrines. Là se
trouvent mêlés des objets divers, au nombre de plus de trois
mille, des merveilles envoyées aux premiers Mikados par les
Empereurs de Chine par la voie des ambassades ; des peintures, des laques, des armes où s'essayait avec d'étranges
raffinements l'art japonais qui venait de naître ; des objets de
l'Inde que la Chine transmettait déjà et que véhiculaient les
pèlerinages ; des étoffes sassannides très nombreuses, des
verres (matière si nouvelle pour l'Extrême-Orient), des
coupes en calcédoine, et des objets d'argent ou de bronze que

les caravanes, à travers toute l'Asie Centrale, avaient apportées
des rives de la Méditerranée jusqu'à celles du Petchili. Trésor
inestimable, car il fut constitué en 746 par l'Empereur Shyau-
mou Ier, qui l'offrit au temple *To-daïji*, augmenté pendant les
règnes de ses successeurs, et clos définitivement par l'Empereur Kwammou, quand, en 794, il décida d'abandonner Nara
et de transporter la capitale en Yamashiro, à Kyoto. Depuis
lors, isolé au milieu du parc immense, heureusement épargné
par les incendies qui dévastèrent Nara, le Shyô-so-in est
demeuré le rare témoin de ces temps si reculés, extraordinaire
vestige d'une forte architecture de bois qui a défié les années.
Et les dates très certaines où il fut ouvert et fermé irrévocable-
ment, les archives constituées par les makimonos-rouleaux
conservés dans de lourdes boîtes, les inventaires successifs
avec commentaires qu'en firent tant de générations de gardiens,
font de ce Trésor un des fonds les plus précieux et les plus sûrs
où l'on puisse étudier en de nombreux monuments l'art
primitif bouddhique de l'Extrême-Orient et ses pénétrations
successives de l'Inde à la Chine, de la Chine au Japon. Après
une bien longue attente l'Etat Japonais en a fait faire un
inventaire critique définitif, et publié les monuments qui y
sont conservés.

Les temples de la plaine. — Dans la plaine où s'étendit jadis
la vieille Nara, quelques anciens temples subsistent toujours,
mais combien mélancoliques au milieu de leurs parcs aban-
donnés, dans leurs enceintes trouées de brèches ! On sent que
peu à peu la vie s'est retirée de ces régions ; les fidèles n'y
viennent plus qu'en de rares pèlerinages ; les fonds ont manqué
pour les dépenses d'entretien ; les bonzes mêmes privés de
riches aumônes n'y sont plus qu'en nombre infime. Cette

désuétude les rend peut-être plus touchants que les temples populaires de Nara, et je ne puis songer sans un serrement de cœur au Yakushi-ji, à l'Hokkei-ji, au Tosho-daï-ji vus par les sinistres pluies d'un automne décevant, alors que les grands cryptomérias, sous un ciel bas, s'égouttaient lentement sur un sol détrempé, et que les corbeaux d'un vol alourdi passaient en croassant de branche en branche.

Ces vieux temples conservent encore d'extraordinaires monuments de sculpture ; et, quand on rencontre dans les coins de certaines salles des statues de bois empilées, que les suintements des toits, l'humidité, la vétusté, les mites ont estropiées, et dont le temps achève la perte définitive, on ne peut songer sans regrets à tant de beaux chefs-d'œuvre que la négligence et l'abandon ont voués à la mort. Les deux Musées de Kyoto et de Nara en ont sauvé un grand nombre ; et, sans l'indifférence et l'incuriosité de l'Occident, que de chefs-d'œuvre de cette admirable sculpture auraient pu être, il y a quarante ou cinquante ans recueillis, et auraient été pour nous révélateurs d'une des plus belles statuaires du monde.

L'*Hokkei-ji* a sa belle Kwannon aux multiples têtes, d'un type très hindou, un peu courte, assez grasse, avec des replis de chairs très indiqués, de belles chutes d'étoffes et de légères banderolles, qui, s'enroulant autour du corps, viennent repasser sur le bras pour retomber avec un ressaut ; un *Monjû* très fin de visage, laqué en noir et assis sur un lion peint en blanc, et cette curieuse statuette de *Yokkobouyé* assis la tête penchée, ses mains si délicates et si fines sortant de grandes et larges manches, d'une si étrange exécution par de grosses feuilles de papier souple superposées, amalgamées, tassées, malaxées jusqu'à prendre la forme plastique que l'artiste voulut lui donner, et qui, malgré les difficultés d'une semblable pratique, est d'une vérité extraordinaire.

Le *Saïdaï-ji* est plus riche encore de sa splendide Kwannon debout, plus grande que nature, avec les grands rubans noués derrière les oreilles et pendant devant les épaules, le type hindou gras, un peu épais, caractérisé encore par les deux fines moustaches retroussées, la main gauche aux doigts déliés et souples tenant une grande tige fleurie ; une autre, d'un type plus élancé, dont le corps à demi nu sous des étoffes peintes en noir est modelé dans un bois clair. D'autres sculptures se rapprochant de la vie, plus expressives d'humanité, nous montrent un *Heïjo-Tenno*, assis les jambes croisées, avec sa grosse figure ronde et sa barbiche, son gros chignon relevé sous sa toque que traversent deux énormes épingles, ses yeux d'émail d'une extraordinaire vivacité, ses deux mains croisées tenant l'éventail droit, dans son vêtement dont les plis raidis nous ont été rendus familiers par tant de peintures des primitifs Tosa ; — un bonze assis en bois peint, tenant à la main sa crosse, d'un visage si calme, modelé à grands plans si simples ; — ou ces deux figures de *Kôjo-Bosatsou* non moins criantes de vérité : l'une tenant de la main droite un martinet, le vêtement croisé en plis harmonieux que fixent une agrafe ; l'autre, plus émouvante encore, avec sa tête ronde et ses sourcils nets, dans cette niche devant laquelle brûle toujours l'encens. Et, dans le grand temple, ce Monjû monté sur ce lion rugissant, énorme et magnifique, que mène un conducteur armé, tandis qu'un *Yuyma* suit, un peu courbé, tenant son bâton de pèlerin, figure extraordinaire de vie, et qu'un *Dozi* très juvénile, le buste nu, les mains jointes, est suivi d'un *Jizo*, à la douce figure calme de bonze. Au centre, sur la

grande estrade, une haute chapelle renferme un *Shaka* en
bois naturel, debout et bénissant, vêtu d'une robe à plis pressés
sur le buste et parsemée de grosses fleurs indiquées en traits
d'or très légers ; son corps nu, très sensible sous la tunique
légère est long et mince, comme celui d'un Christ byzantin ;
derrière lui, une énorme mandorle de bois ajouré est semée
de petits personnages assis en relief.

Le *Tosho-daï-ji* est un des temples les plus anciens et les
plus intéressants que le temps ait épargnés au Japon. Les
incendies et les tremblements de terre ont heureusement respecté ces beaux édifices de l'époque de Tempio ; un grand
édifice rectangulaire, surélevé sur une plate-forme de maçonnerie, avec ses grosses colonnes de bois peint en rouge, son
portique extérieur, ses vieilles portes aux médaillons jadis
peints de rinceaux de fleurs, et aux gros clous de bois autrefois
laqués d'or, nous révèle fort bien ce qu'était la forte architecture de cette époque primitive. Le haut des solides colonnes
qui, sous le portique, sont engagées dans le mur de cette sorte
de *cella*, était autrefois décoré de grands rinceaux fleuris,
finissant en pointes de lotus, et qui sont encore légèrement
apparents sur le bois. Le beau toit léger, d'une douce inflexion
relevée, porte aux deux extrémités de sa crête une sorte de
casque en tête de cheval à crinière se regardant, qu'on
nomme *Tó*, et qui furent importés de Chine. Tout à côté, deux
petits édifices tout en bois, élevés sur pilotis, représentent
exactement la primitive maison japonaise, assez semblable à
une habitation lacustre ; et le petit pavillon de la cloche, le
Koro, a sous son toit, au premier étage, une petite galerie tout
à fait exquise.

Dans ce beau temple, les chefs-d'œuvre de sculpture

abondent : c'est l'immense Bouddha assis sur le lotus, bénissant, la main droite levée et palmée deux fois entre les trois
derniers doigts ; puis l'immense Kwannon aux trente-six
têtes, toute laquée d'or, et ne mesurant guère moins de 5 à
6 mètres de hauteur. Très droite, les beaux plis simples de
ses étoffes décrivent de superbes courbes creuses sur ses
jambes, et ses multiples bras brandissent dans tous les sens
des maillets, des sceptres, des vases, des fleurs de lotus, des
coquillages, des boîtes, des bâtons enfilés de têtes de morts.
De l'autre côté du Bouddha, un énorme *Jakusi* tout laqué d'or
est d'une merveilleuse dignité dans son geste de bénédiction. Et,
les encadrant, les quatre *Shi-Tennos*, en armures et en casques,
tout blanc et or, veillent de leurs gestes menaçants et de leurs
visages contractés. Une Kwannon étonnamment lourde et
sauvage est laquée en noir avec de larges et pesants plis d'étoffe
sur les deux jambes. Deux statues de *Benten* et de *Taishaku*
sont sublimes de noblesse et de simplicité, dans leur beau
geste auguste des mains levées et bénissantes : leurs larges
faces aux yeux bridés, leurs grosses lèvres et leurs doubles
mentons indiquent assez quelles influences sino-hindoues en
pénétrèrent l'esprit ; elles sont très vêtues, et leurs grandes
robes serrées à la taille, tombant à plis droits festonnant un
peu sur le devant, s'évasent derrière elles sur le sol.

Mais le chef-d'œuvre incomparable est la statue du prêtre
chinois Gan-ji, qui se trouve au fond d'une niche que ferment
deux rideaux de vieille soie ; on les écarte et l'on se trouve
face à face avec une saisissante apparition. Il est assis les
mains jointes, pouce contre pouce ; sa robe est croisée en deux
gros plis noir et rouge sur la poitrine ; son crâne rasé est
sillonné de rides, et ses yeux fermés, aux cils indiqués en petits

traits noirs, laissent extraordinairement sensibles et vivantes
leurs pupilles sous la paupière. Il était aveugle, et ces yeux
fermés sont bien ceux d'un être tout en vie intérieure, et qui a
prolongé sans révolte dans l'obscurité de cette retraite mystérieuse l'insondable rêve dont le vertige lui a été épargné. Quel
calme sur ce visage que ne semble avoir jamais défait aucune
émotion terrestre ! Et l'on est inquiet et honteux d'être
venu d'une main sans pudeur écarter les rideaux de cette
petite chapelle, profaner d'une curiosité indiscrète le rêve
émouvant et éternel où se complaît ce sage.

Le temple de *Yakushi-ji* est plus le mélancolique de tous.
Celui-là est tout à fait abandonné ; il n'y reste même plus,
comme dans les autres, les deux ou trois bonzes qui en assurent
la surveillance. Le gardien, qu'il est difficile de trouver, habite
une pauvre maison à quelques centaines de mètres. On suit
longtemps avant d'y pénétrer de longs murs de pisé très vieux,
que surmontent encore leurs petits toits de tuiles ; des porches
les interrompent qui furent autrefois superbes et qui sont à
demi ruinés ; et, quand on parcourt le beau parc où les arbres
gigantesques sont vieux de plusieurs siècles, on y rencontre
bien des constructions d'anciens temples qui se trouvent
convertis en pauvres fermes.

Ce dut être un des temples les plus riches du Yamato,
car il renferme d'extraordinaires monuments de la statuaire de
bronze, uniques dans tout le Japon, et qui témoignent d'un art
stupéfiant dans la fonte des grandes statues à cette époque si
reculée de la fin du VIIe siècle. Le Bouddhisme venait d'être
révélé au Japon, et l'on ne sait encore s'il lui faut faire honneur
de ces remarquables travaux, ou le reporter à la Corée, qui fut
son éducatrice dans beaucoup d'arts industriels. — Sur un

grand soubassement de marbre blanc (ceci est pour ainsi dire
unique au Japon), est un Bouddha de 2 m. 50 de haut en bronze
noir, assis, sublime de majesté et de simplicité, et qui bénit ;
terminé, croit-on, après la mort de l'Empereur Temmou en 697.
L'élégance de ses formes et leur finesse le rendent très supérieur à ceux de Nara ou de Kamakura, et rien n'est plus simple
et beau que les plis de l'étoffe en bronze doré qui recouvre
le siège. Il est porté sur un socle de bronze à trois petites
marches avec d'admirables bas-reliefs : sous deux sortes d'ar-
catures séparées par une cariatide, deux personnages nus et
accroupis ont les reins ceints d'un pagne. Leur laideur de
gnômes, leurs coiffures bizarres bouclées à l'égyptienne, con-
trastent avec la souveraine beauté du Bouddha. Des dragons
rampent autour d'eux ; un serpent enlace une tortue, et l'art
avec lequel sont exécutés ces détails est étonnant et révèle une
extraordinaire habileté.

Nikko-ten et *Wakko-ten*, debout à ses côtés, mesurent
3 mètres de haut ; les plis souples et simples tombent le long
de leurs corps élégants en chutes de bronze d'une souveraine
noblesse, et c'est l'élégance dans la grandeur et le caractère
dans la beauté que seules ont atteints les grandes époques de
la statuaire de bronze dans la Grèce antique, dans l'Italie de la
Renaissance. Autour de ces majestueuses divinités de bronze
sombre, que leurs patines enveloppent de doux reflets, les
quatre *Shi-Tennos* en bois laqué vert et doré, dans leurs riches
armures, apportent une note d'un caractère pittoresque infiniment heureux.

— Dans un édifice voisin, le Toîndo, une Kwannon de
bronze plus grande que nature est conservée dans un immense
tabernacle ; la raideur de son attitude, l'étrangeté des grands

YAKUSHI SOZU BOUTSOU,
TRINITÉ BOUDDHIQUE,
AU TEMPLE YAKUSHIJI (NARA)
FIN DU VIIe SIÈCLE.

colliers à pendeloques qui, de la ceinture, tombent sur ses cuisses, son haut chignon avec des rinceaux, les grandes écharpes qui sinuent de ses bras jusqu'à ses jambes en chutes mouvantes, tout indique une assez lointaine origine, et l'attribution traditionnelle à la Corée ; elle aurait été consacrée à la mémoire de l'Empereur Kotôkou par sa veuve, après sa mort survenue en 654.

D'autres édifices encore renferment des sculptures de bois et de bronze ; l'art de Nara fut si fécond, si sûr et si grand, et, malgré ses apparences de hiératisme convenu si subtilement varié, que les statues succèdent aux statues, sans qu'elles vous lassent, et qu'elles ne sauraient épuiser les forces de l'admiration que le visiteur dépense ici sans compter.

CHAPITRE XIII

HORIUJI

Cette plaine de Nara est vraiment sacrée et pleine d'histoire ; à chaque pas, des débris d'édifices anciens en attestent encore la grandeur ; ils en jalonnent l'étendue. Dépassant Koriyama jusqu'où s'étendent les murs de l'antique capitale, on arrive ainsi à *Horiuji*, site vénérable, devant lequel, dans un élan de dévotion artistique, un Renan japonais pourrait légitimement réciter sa « Prière sur l'Acropole ». — C'est évidemment le plus ancien temple bouddhiste qui existe au Japon, puisque Shotoku-Taishi le fonda en 607. Nulle part ailleurs ne vous sont mieux révélés le point de départ de l'art japonais et son étroit contact avec l'art hindou au début de ses essais.

Un énorme porche vous accueille, dont les colonnes rouges sont légèrement renflées en leur milieu comme des colonnes doriques ; elles posent sur de grandes pierres plates absolument

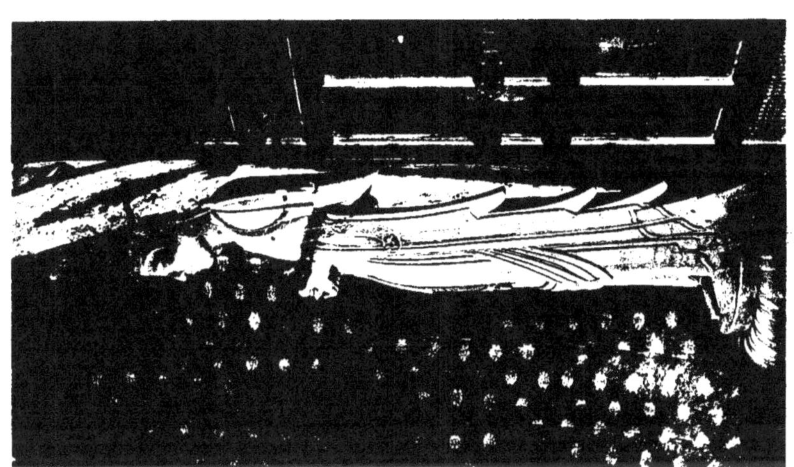

NIORYIN KWANNON,
(L'AVALOKITESVARA SANSCRITE),
BOIS DU VIᵉ SIÈCLE,
TEMPLE D'HORIUJI.

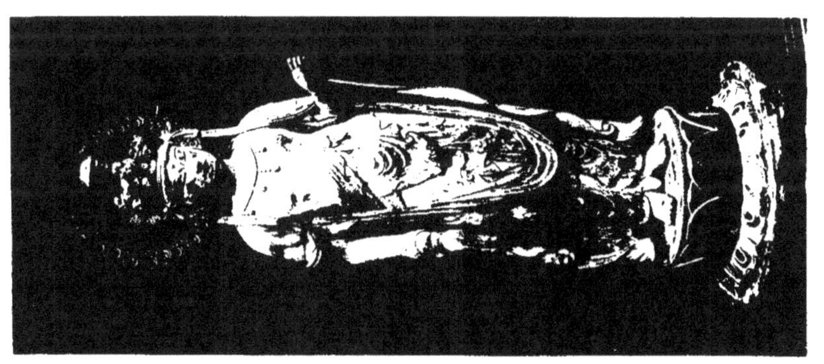

KWANNON,
BOIS PEINT DU VIIIᵉ SIÈCLE.
TEMPLE YAKUSHIJI DE NARA,
(YAMATO).

frustes. De chaque côté, deux énormes Nioôs, rouge et noir,
cherchent à vous impressionner de leurs gesticulations force-
nées.

L'immense cœur très aérée, qu'ombragent quelques admirables arbres, est entourée d'une clôture de lattes ajourées. —
Le premier Temple des « Grottes de Bouddha » renferme des
représentations en stuc blanc et en stalactites apportées de fort
loin, des grottes de Shumisen, la fabuleuse montagne, sorte
d'Olympe des Dieux hindous. On y trouve, en quatre com-
partiments, *Monjû* et *Uima* entourés des Dieux, *Amida* avec
Kwannon, et *Daiseishi*, puis la mise au tombeau de Sakia-
Muni et son entrée dans la Nirvâna ; dans tous, de nombreuses
petites statuettes de terre cuite polychromée, du plus extraordinaire caractère, sont disposées dans les attitudes variées de
l'adoration et de la prière, comme aussi du désespoir violent
et des lamentations vociférantes.

Un peu en arrière le *Daï-Kodo* va nous révéler de sublimes
beautés : c'est encore une sorte de *cella* entourée d'un grand
portique et soutenue par de fortes colonnes de bois engagées
dans les murs ; au centre, la grande estrade centrale, à balustrade de pierre, avec colonnade, ses trois baldaquins suspendus en lamelles de bois peint, forme un édicule intérieur indépendant ; sous ces baldaquins, des griffons de bois doré
pendus au bout d'une mince chaînette semblent voler dans
l'espace.

Cette vaste estrade porte une foule de merveilleuses statues,
qu'un respect traditionnel a maintenues à cette place. — C'est
au centre un énorme Bouddha de bronze, qui jadis se trouvait
à l'entrée principale, dans un petit temple, que le feu a détruit ;
il est assis et bénit d'une main énorme, impressionnante, et le

siège où il trône est recouvert d'une lourde étoffe de bronze qui retombe à larges plis. La sérénité et la beauté de son visage long paraissent plus émouvantes encore quand on le contemple face à face. A ses côtés, deux Bosattsous un peu courts, avec des mains épaisses et de gros nez, eurent une superbe dorure que le feu a endommagée. Il est intéressant de rapprocher ces gigantesques statues de bronze, d'une date bien certaine, contemporaines des premiers âges du temple d'Horiuji, avec les statuettes de bronze doré (vers 640) conservées au Musée de Ueno à Tokio dont quelques-unes portent des inscriptions japonaises très exactes, et qui offrent ces proportions courtes, un peu lourdes, ces mains disproportionnées, les nez épatés, ces plis croisés très caractéristiques de la primitive statuaire japonaise, à influences sino-coréennes. — Un peu en arrière, deux splendides figures en bois doré, les yeux baissés, autour desquelles des banderolles ondulent légèrement, ont une plus sûre élégance dans leur minceur, et de plus belles proportions.

Cette élégance se retrouve d'ailleurs dans une bien intéressante statue de bois peint très raide d'attitude, très longue de corps, avec une figure amincie et des oreilles étirées, portant une urne de sa main gauche baissée, originaire, croit-on, de l'Inde, et dont l'étrange archaïsme aurait influencé visiblement tant de statues assez analogues des primitifs ateliers de Nara (début du VIIe siècle), comme cette admirable Kwannon debout en bois peint tenant un vase avec un lotus, dont le beau visage hiératique, calme et noble, les yeux entr'ouverts, les belles proportions, les superbes plis qui d'un seul jet tombent à ses côtés, rappellent invinciblement les merveilleuses figures du portail roman de la Cathédrale de Chartres. Les quatre

LA TRINITÉ AMITHABA, TRIPTYQUE EN BRONZE DORÉ
DU TEMPLE D'HORIUJI,
DÉBUT DU VIIIe SIÉCLE.

Shi-Tennos, qui selon la règle entourent le Bouddha, ont eux-mêmes des figures idéalement calmes, contrastant avec la violence du geste et la sauvagerie de l'attitude, figures uniques au Japon dans leur série.

Deux objets sur la vaste estrade sont fameux parmi les plus célèbres œuvres du temple d'Horiuji : le premier est un grand reliquaire sous forme de petite pagode montée sur piédestal, dont les quatre panneaux de bois sont décorés de paysages animés de personnages et de vols d'oiseaux sur fond noir, peints dans des colorations harmonieuses, où éclatent de beaux rouges-corail, ainsi que sur les trois doubles portes qui ouvrent les trois côtés et que décorent des figures minces et longues dessinées d'un trait élégant et fin. Les colorations rappellent assez les laques les plus anciens dits de Coromandel, et justifient la très ancienne origine hindoue que l'on attribue au monument. L'intérieur, qui renferme une statuette en bronze doré debout, de type très hindou, est garni de lamelles de bronze doré et repoussé de plus d'un millier de petits Bouddhas symétriques, assis sur des lotus. — Le second objet est plus merveilleux encore : c'est un petit autel en bronze doré, sur lequel se dresse, au sommet d'une tige en spirale de fleur de lotus, un petit Bouddha assis, au visage noble et calme, aux yeux baissés, d'un style incomparable, entre deux petits Bosattsous courts et lourds ; derrière et verticalement se dresse une plaque de fond décorée en très légers reliefs de figures agenouillées ou assises au milieu de banderolles qui ondulent, les enveloppant d'un rythme harmonieux, et qui sont d'une grâce, d'un charme tout à fait uniques. La tradition veut que cet autel portatif ait été apporté de Corée et donné à la mère de l'Impératrice, épouse de Shiômou-Tenno, au commencement du VIIIᵉ siècle, révélant ainsi un art d'un prodigieux raffinement florissant en Chine à cette époque.

Les murs de la *cella* de cet extraordinaire Daï-Kodo sont décorés intérieurement de fresques peintes au VIIe siècle d'après de pures traditions de l'Inde, les seules qu'ait conservées le Japon ; et, à travers d'assez larges lézardes, on peut du doigt sentir le bois de construction vermoulu, recouvert d'une couche de plâtre destinée à être peinte à fresque, et être ainsi assuré qu'on se trouve bien devant la construction primitive, que n'a dénaturée aucun incendie. Les fresques sont d'inégale conservation ; le dessin y est indiqué à traits d'un rouge brun, avec des rehauts verdâtres quand apparaissent les feuilles des lotus. Le Bouddha assis sur une sorte de large siège, les jambes écartées, dans une pose de consul sur les diptyques d'ivoire latin, est étonnant de force et d'autorité. Tout autour de lui sont debout d'admirables figures tiarées, en armures, et l'une d'elles en arrière-plan, tête nue, semble être le portrait d'un prêtre d'un caractère inoubliable. De beaux tons rouges, noirs, profonds, gris, rosé, attestent une puissance de coloris surprenante, et devaient faire de ces fresques aujourd'hui si décolorées d'extraordinaires compositions d'une majesté égale aux plus célèbres fresques ou mosaïques byzantines de la même époque.

Dans une construction voisine élevée sur de hauts pilotis ainsi que le Shyosoïn, est installé, comme en un petit musée, le Trésor des Temples d'Horiuji ; l'une des œuvres capitales est un grand kakemono représentant Shokotu-Taishi assis à une petite table, un écran levé à la main ; à sa droite, deux autres tables portent des fleurs, et à sa gauche est un personnage à robe rose, les cheveux noués en nattes sur les côtés, tandis

FRESQUE VIIe SIÈCLE
TEMPLE D'HORIUJI

que trois autres autres personnages sont agenouillés devant
lui, les têtes couvertes de toques de formes anciennes, et leurs
bâtons plats tenus droits appuyés à leurs cuisses : la tradition
fait remonter cette peinture à treize cents ans. Un autre
superbe portrait de Shotoku-Taishi le représente à seize ans,
debout, en robe rouge recouverte d'un manteau noir ; son type,
iconographiquement fixé, nous le révèle toujours la figure
ronde, les cheveux noués sur les côtés et tenant une cassolette
à la main, une portière mauve est drapée au-dessus de lui.
Quelques-unes des plus belles statuettes du temple des
Grottes en ont été retirées et sont ici ; mais la pièce la plus
extraordinaire est une statuette de Kwannon aux multiples
têtes, en bois très simple, de coloration rouge ; le corps ceint
de cordons perlés, un vase à la main, elle est charmante de
proportions, et d'un type si pur, d'une si surprenante finesse,
d'une telle précision de détails, qu'on imagine qu'un ciseleur
seul pouvait ainsi la modeler. Elle daterait du VIIe siècle.

Le *Yumedono*, ou temple des Reliques, du XIIIe siècle,
de forme octogonale, mérite également une visite, ne serait-ce
que pour y admirer la splendide Kwannon de bois frotté
d'or si longue, si mince, au visage allongé, enveloppé de longs
rubans plats, sinueux, et tenant en ses deux mains la pomme à
flamme, figure du début du VIIe siècle, analogue à celle du
temple principal, et rappelant par son hiératisme les belles
statues romanes de Chartres.

En dehors de ces temples du groupe principal, Horiuji
renferme un temple de Nonnes, *Chouguji*, dont une petite salle
porte une adorable décoration sur fond or d'oiseaux de paradis
de toutes couleurs, dont les vols convergent tous vers le tokonoma. C'est sur une petite estrade basse qu'avec des précau-

tions infinies les religieuses apportent deux miraculeuses broderies : la première, montée en kakemono, faisait partie d'une suite teinte il y a environ mil trois cent cinquante ans, et qui décorait les fusumas de toute une salle. Sur une soie noircie et comme consumée sont brodés en fils assez serrés et en léger relief, en bas deux temples, et dans l'un d'eux un homme frappe une cloche de son battant, et plus haut sous des branches ou des fleurs, ou à l'extrémité de longues tiges, des personnages d'un type chinois sont assis ou se promènent en des paysages de convention ; ou bien des Bouddhas trônent sur des lotus bleus, rouges, verts, jaunes et blancs. La seconde broderie, également en forme de kakemono, plus jeune de cent cinquante ans, représente Bouddha précédé de deux *Bosatsous*, descendant sur des nuages, vers la chaumière du fidèle, d'après cette émouvante composition familière aux grands artistes chinois qui la révélèrent aux Japonais, et qu'à immortalisée Godoshi dans un merveilleux kakemono du Musée de Kyoto. Une bordure composée d'oiseaux, de paons et de fleurs, brodée de soies jaunes avec des noirs profonds ou de soies vertes, est d'une splendeur et d'une conservation extraordinaires. Quelle admirable chose ! Et combien on constate, une fois de plus, que le génie décoratif des Japonais ne laisse pas un domaine de l'Art inexploité, et que, sous leurs mains, une broderie peut même être expressive et empreinte d'un sentiment sublime comme la plus belle peinture.

Ce temple des Nonnes a dans sa salle des prières une des plus rares sculptures de tout le Japon. Dans un tabernacle, derrière un rideau, rêve un (Maitreya) *Mirokou* de bois sombre, presque noir, taillé, socle et corps, dans la même bille, la tête étant toujours rapportée ; sa tête pure et d'un calme serein a

deux oreilles très aplaties et élongées ; les mains sont d'une
grande distinction, et les pieds, dont l'un est croisé à plat sur
un des genoux, sont d'une noblesse rare. Il est très difficile
de préciser l'origine d'une semblable sculpture qu'on date
vers 630, et de dire si elle est chinoise ou japonaise, en dépit
de la tradition japonaise qui aime tant à attribuer à un
personnage célèbre, vénéré comme Shotoku-Taishi, la pater-
nité d'œuvres comme celle-ci, tout à fait digne de l'illustrer
davantage encore.

CHAPITRE XIV

LES MUSÉES DU JAPON A TOKIO, A KYOTO ET A NARA

LEUR CRÉATION ET LEUR ORGANISATION. — LE MUSÉE DE TOKIO.
— LA VARIÉTÉ DE SES COLLECTIONS. — LE MUSÉE DE KYOTO,
DÉPOT DES PEINTURES DES TRÉSORS DE TEMPLES. — LE MUSÉE
DE NARA, OU L'ON PEUT ÉTUDIER LE DÉVELOPPEMENT DE LA
SCULPTURE JAPONAISE.

Les musées ne sont organisés, au Japon, que depuis une
trentaine d'années. On doit leur parfaite organisation à l'esprit
éclairé du baron Kuki, qui était alors directeur des Beaux-
Arts.

Comme tous les musées du monde, ils furent constitués
par des premiers fonds, dans lesquels sont entrés (surtout pour
le Musée de Tokio) des objets de la propriété du Mikado ;
grâce à des crédits budgétaires annuels, les collections se sont
accrues, bien qu'il faille regretter qu'on s'y soit pris un peu
tard, à un moment où déjà tant d'admirables choses étaient
sorties du Japon pour enrichir surtout les collections améri-
caines et françaises. Ils acceptent les dépôts et les prêts tem-
poraires d'objets appartenant à des amateurs. Enfin une de

leurs combinaisons les plus heureuses fut d'obliger par une loi les temples et les monastères à faire le dépôt provisoire, surtout dans les musées de Kyoto et de Nara, de tous les trésors qu'ils renferment ; de sorte que, par un roulement continu, ces deux musées peuvent en quelques années révéler au public des merveilles qui demeureraient autrement ignorées du plus grand nombre. Les expositions spéciales y sont enfin fréquentes soit qu'elles soient commémoratives de la naissance ou de la mort d'un maître dont on fait connaître l'œuvre ancienne, soit qu'elles correspondent au symbole sous lequel l'année nouvelle est placée : si bien que l'année du cheval, du pin ou de la grue voit immédiatement s'ouvrir une exposition d'œuvres d'art, peintures, laques ou poteries, dans laquelle ces représentations apparaissent.

Le Musée de Tokio est le plus important des trois par la variété de ses séries, mais est très inférieur aux deux autres quant aux peintures et sculptures qu'il possède. Il s'élève au fond du parc d'Ueno, en construction tout à fait européenne, et, une grande bibliothèque publique lui sera adjointe. Tout le rez-de-chaussée est occupé surtout par les collections ethnographiques et d'histoire naturelle ; on ne saurait ici se désintéresser, au point de vue archéologique, de toutes les séries de poteries archaïques, pré-bouddhiques, qui furent découvertes dans le sol ou dans les tombeaux. C'est au premier étage que sont exposées les collections d'art ancien du Japon.

Les sculptures y sont assez nombreuses, et quelques-unes remarquables : une série du plus haut intérêt est celle des statuettes en bronze doré, données au Musée par la Maison de l'Empereur, où l'on peut suivre sur un assez grand nombre d'exemplaires les nuances subtiles par lesquelles est passée la

représentation du Bouddha aux époques les plus anciennes
(VIIe siècle), étude iconographique d'un intérêt semblable à celui
que peuvent présenter nos vierges sculptées du Moyen-Age. Il y
en a bien une trentaine assis ou debout, les bustes nus, avec
de lourds colliers pendant sur leurs poitrines ; les uns bénissant
de la main droite levée ; les autres assis, accoudés sur leurs
genoux, le menton appuyé sur la main, et méditant. Les types
diffèrent, soit que les visages soient gras, un peu épais, mais
nobles de caractère, très près de l'origine hindoue ; soit que
leur allongement, leur finesse, les nez plus longs et plus droits
semblent indiquer déjà une évolution du type qui soit plus
intimement japonais. Quelques-uns avaient été prêtés aux
organisateurs de l'Exposition de 1900 et ont pu être étudiés
alors au Pavillon japonais du Trocadéro.

Quelques belles statues de bois peint ou laqué révèlent
déjà ici la grandeur plastique de cette sculpture, si calme, si
pure, dans les représentations du Bouddha, sachant si bien
indiquer les proportions et les volumes, draper les étoffes
scuples, assouplir les chutes de plis, rythmer l'ondulation des
banderolles. Avec quelle réserve et quelle mesure les gestes
sont indiqués, gestes augustes de bénédiction, où transparaît,
dans l'étonnante vivacité des doigts, tout l'esprit expressif
qu'y savent mettre les races de l'Extrême-Orient ; gestes d'infinie lassitude dans la méditation, où l'être se replie tout
entier, délivré des liens de la chair et du désir. Et quelle élégance ces grands sculpteurs ont su mettre dans toutes ces
figures émanées du Bouddha, dans ces Kwannons où l'âme
japonaise a su mettre tant de distinction et de douceur ! Quel
mouvement au contraire dans ces Dévas, dans ces Dieux du
Ciel dont les gestes terribles menacent ou accablent ! Et

quel profond sentiment du caractère individuel, quel amour de la vérité et de la vie dans ces nombreux portraits de prêtres ou de saints, d'un réalisme ému et discret, qu'aucun art vraiment n'a jamais dépassé.

Une statue de bois provenant des collections impériales est infiniment rare et curieuse ; d'aspect assez fruste, elle est extrêmement mince et plate, avec un visage haut et large et une raideur toute romane. L'art n'en est guère affiné ; c'est évidemment un des premiers bégaiements de l'art japonais si ce n'est, comme certains l'ont prétendu, une sculpture coréenne. — Déjà plus noble est une grande statue assise, une jambe croisée, faite en cette pâte de fibres de bois et de papier, amalgamée et malaxée avant d'être laquée, qui fut le procédé des premiers siècles, superbe celle-ci, de plis si largement disposés. Un grand Bouddha assis sur le lotus a des bras d'une élégante finesse et un dos d'un simple et beau modelé ; et une scuple écharpe de l'épaule gauche se noue sur la poitrine en passant sous le bras droit (IXe siècle). Bien qu'un peu abîmée, une charmante statue d'*Avalokiteswara* debout, très simple de plis, très souple de mouvement, inexpressive et les yeux baissés, est exquise de proportions et indique le bel art du Xe siècle. Tout à côté, une autre, si jolie avec ses yeux de verre, sa jupe à plis pressés, ses écharpes sinueuses aux bras et aux épaules, montre assez que l'art des Askikaga aux XIVe et XVe siècles tendait surtout au charme et à l'élégance.

Deux statuettes provenant de la pagode d'Horiuji, en terre blanche séchée et peinte, sont excellentes ici pour représenter cet art de figurines archaïques d'une puissance expressive si surprenante, dont nous avons noté les remarquables spécimens conservés au temple d'Horiuji même.

Une collection prodigieuse est ici celle des grands masques
de bois fruste ou peint, où s'est exercée toute la verve magistrale, grandiose, des primitifs sculpteurs. Ils ont été transmis
au Musée par le temple d'Horiuji, sur les registres duquel ils
sont inscrits. Les plus anciens de l'époque de Tempio (600-
800) sont de bois fruste. L'usage dut en être importé de Chine
de bonne heure. Les grands et étranges masques de la Danse
sacrée de *Gigaku*, de caractère forcé et d'exécution violente,
furent ensuite laqués ; ces derniers sont essentiellement de
caractère comique, toujours d'une fantaisie énorme. Ceux
d'expression dramatique étaient plutôt dénommés *Bugaku*.
Suit une très considérable série de superbes masques de Nô
à dimension de figure humaine, laqués blancs ou colorés,
grimaçants, comiques, douloureux ou calmes, dans lesquels
d'innombrables artistes, depuis l'origine à la fin du XVIe siècle
jusqu'au XVIIIe siècle, ont fixé à jamais les plus saisissantes
expressions des émotions humaines.

La collection de peintures du Musée de Ueno est d'une
relative pauvreté, et ne saurait, en aucune façon, représenter
l'immense développement de la peinture chinoise et japonaise.
D'ailleurs, dans les trois musées, la méthode de présentation
des œuvres est tout autre que dans les nôtres. Leur but, jusqu'ici, n'a nullement été d'essayer, par un certain nombre
d'œuvres bien choisies, de montrer l'évolution de leur art, en
partant de ses origines bouddhiques jusqu'aux plus récentes
manifestations de ses écoles populaires. Jusqu'ici ces musées
ne possèdent pas assez d'œuvres variées pour installer de façon
définitive des collections présentées de cette façon : les kakemonos et les paravents qu'on y peut voir n'y sont déposés que
provisoirement par les temples dont ils sont la propriété, et

LE PRINCE SHOTOKU,
PEINTURE DES COLLECTIONS IMPÉRIALES A TOKIO,
VIIᵉ SIÈCLE.

ils sont présentés au public sans méthode et sans esprit de classification ; les visiteurs en doivent jouir comme les abeilles butinent les fleurs.

Cependant le Musée d'Ueno possède un *Fugen Bosatsu* assis sur le lotus que porte un éléphant blanc sellé, d'un rare charme de dessin et de couleurs, et qui est un des plus beaux spécimens de l'art au début de la dynastie des Fujivara, au Xe siècle. Bien extraordinaires sont les quatre *Makimonos* dessinés à l'encre, attribués au prêtre *Toba-Sojô* au début du XIIe siècle, d'une fantaisie si outrancière, d'une verve et d'une audace si nouvelles, qu'il faudrait franchir plusieurs siècles et des continents pour en retrouver l'équivalent dans l'art de nos caricaturistes les plus contemporains ; il y a là des pages de combats de coqs, de taureaux se battant cornes contre cornes, de lapins et de singes, dont la géniale drôlerie est unique au monde. — Non moins précieuse est une série de quatre albums de dessins aquarellés d'*Okio*, d'insectes, de frelons, de mouches, de mantes et de papillons, de tiges de fleurs, de glycines, de crosses de fougères et d'oiseaux, où la plus scrupuleuse conscience d'artiste se révèle, ne laissant rien à l'improvisation ni à la fantaisie, et nous montrant quels dessous de travail acharné révèlent des œuvres qui nous paraissent de prime-saut exécutées librement, de mémoire.

Assez bonne, mais sans spécimens rares ou très raffinés, est la collection de poteries : elle est du moins assez bien classée, et peut offrir à l'étude un grand nombre de types bien significatifs.

Très supérieure est la collection de laques, où, grâce à la générosité de la Maison Impériale, se trouvent quelques mer·

veilleuses boîtes des plus anciennes époques. Je n'ai rien vu, en ce genre, de plus surprenant que deux grandes boîtes rectangulaires du XIe siècle en laque noire, décorées en argent, l'une d'un dragon enroulé autour d'une colonne de feu et adoré par deux divinités debout de chaque côté, et l'autre de rinceaux fleuris et d'oiseaux de Fô. — Merveilleuses encore sont deux boîtes montées sur six pieds bas, d'époque de Kamakura, et que décorent sur fond noir des vols de grues en argent et des branchettes d'or. Une boîte noire porte au revers de son cou-vercle une superbe inscription et la date de 1228 ; son décor est du caractère de la vieille école de Tosa ; sur un sol en étain rugueux, un torii rouge est penché entre des pins ; au dessus passe un vol de grues en très minces feuilles d'étain.

Le Musée de Kyoto est assez éloigné du centre de la ville, sur la rive gauche de la Kamogawa, au milieu d'un grand jardin. Il n'est constitué que d'un rez-de-chaussée surélevé au-dessus du sol de quelques marches. Ce qui en fait avant tout le grand intérêt, ce sont les merveilleuses sculptures qui s'y trouvent déposées, d'une façon, on peut dire, définitive et permanente, car elles ne rentreront vraisemblablement pas dans les temples auxquels elles appartiennent, et les splendides peintures qui n'y sont que d'une manière tout à fait transitoire, et dont on poursuit le roulement à peu près de semaine en semaine. La grande salle centrale de sculptures n'y est malheureusement pas d'une parfaite clarté, et la présentation des grandes statues dans de gigantesques cages vitrées beaucoup trop surélevées les tient trop éloignées des regards.

Le grand Bouddha assis du *Manjuji* de Kyoto en bois laqué et doré, qui occupe le centre de la grande salle, est dit œuvre du prêtre Genshin (835) ; et de la même époque serait aussi la belle statue de prêtre assis du *Kyogo-Gokokuji*. Bien archaïque doit être la *Nyoirin Kwanze-on du Rosanji de Kyoto*, en bois dédoré, assise une jambe pliée sur le genou, le menton sur la main, avec ses gros pieds larges, son immense bonnet, le grand manteau qui la couvre entièrement, et les gros plis tuyautés qui tombent du siège, très hindoue de caractère et très proche des petits bronzes de la Maison Impériale que nous avons vus au Musée de Tokio. — Très hindoue encore la belle Kwannon en bois doré assise un peu penchée, méditant le menton dans la main, que le prince de Kudaïa avait offerte au temple de Koriuji. Une autre Kwannon, superbe de noblesse, grande, fine, longue, tenant le beau lotus levé d'une main, aurait été sculptée, dit l'inscription, en 1226, par le fameux *Jokei*, et réparée en 1817. Une autre plus ancienne, debout, aux multiples mains, serait l'œuvre de *Jocho* en 1053, qui aurait sculpté également quatre Dieux Devas, laqués blancs et or, un peu courts, gesticulant dans les plis tumultueux de leurs vêtements, qu'un coup de vent agite. — Puis voici les splendides statues d'*Unkei*, le grand maître du XIIIe siècle : quatre des dieux gardiens de Kwannon, dont les dix autres sont restés sous le long portique du temple Renge-oïn, ce beau joueur de cymbales debout dans une robe à traîne, cet extraordinaire *Mawa-Rajo*, avec sa tête de vieille femme, ses grandes manches pagode, ses socs à patins relevés, priant les mains jointes, la bouche close, avec une expression sublime. Puis le voici Unkei lui-même, et Tankei, un autre prêtre comme lui, assis tous deux, chapelets en mains, leurs yeux de verres fixes, dardant sur la vie des regards d'une extraordinaire acuité. Il aurait sculpté encore cette belle statue de *Heïjokai* assis un peu

de côté dans les magnifiques plis de sa robe à la souple retom-
bée ; et faisant des deux mains le geste rituel aux doigts
déliés. Comment jamais oublier l'admirable statue de bois
peint de l'ascète Bashisen demi-nu, décharné, grêle
comme un fakir hindou, un foulard noué sur la tête, et qui,
pour l'énergie de la facture, la furia de l'exécution, l'austère
caractère, vaut les plus beaux « Saint-Jean-Baptiste » de
Donatello ?

Une collection de vingt masques en bois peint (verts,
rouges, roses et dorés) nous fournissent, par leurs inscriptions,
mentions intéressantes des deux réparations qu'ils subirent
pour les services de la pagode de Jô-ji en 1016 et 1334.

Avec le sentiment d'insuffisance des dix à douze séances
que j'y pus faire, soit devant les œuvres exposées, soit devant les
réserves [1], que doit-on citer, parmi les innombrables œuvres de
peinture qui ont pu passer dans ce Musée de Kyoto ? De ma
vie je n'oublierai l'émouvante et bouleversante impression
ressentie devant l'œuvre d'un vieux maître chinois, Wang Wei
(*Omakitsu*), de la dynastie des Tang, dans la première moitié
du VIIIe siècle, appartenant au *Chi-Jakuin* de Kyoto. C'était
une peinture en noir, de toute la hauteur au kakemono ; d'un
jet, une caratacte tombait entre deux énormes parois de
rochers ; de petits arbres étaient accrochés désespérément à
leurs murailles inaccessibles, et, à droite, dans un espace resserré, roulaient dans le ciel d'étranges nuages, poussés par
d'effrayantes rafales, exécutés à petits coups de brosse rageurs.
Comment rendre par des mots l'éternel de cela, la sauvage

---

1. Je ne saurais trop recommander à ceux que les questions artistiques japonaises intéressent particulièrement de se reporter à la magnifique publication des
Relics of Japan (Tajima, édit., Tokio), et à la vieille Revue d'art de Tokio, la *Kokka*.

PEINTURE DE TOSA
MUSÉE DE NARA

GONG DE BRONZE
MUSÉE DE NARA

PARAVENT DE MATAHEI
MUSÉE DE KYOTO

vision de quelques-unes des forces élémentaires accablantes
de la Nature, et ce rendu fougueux, rapide, adéquat à l'émotion
dont l'âme de ce sublime artiste était encore bouleversée. Et
cela se passait à l'autre extrémité de notre monde, sept cents
ans avant que Ruysdael et son groupe cherchassent à rendre
pour la première fois (avec quelle sagesse, quelle froideur
comparatives) des spectacles naturels de cette espèce. — Et ces
seize peintures chinoises de Rakkans du *Seiryo-ji*, les plus
beaux sans doute que je connaisse, inouïs de dessin vigoureux,
de noble drapé, avec leurs visages émouvants tendus dans l'effort
de la pensée, dans la profondeur de la prière, avec le dessin
expressif des mains si éloquentes dans leur mimique, et les
splendides tons verts, bruns et bleus, gras et veloutés. La
légende rapporte qu'ils auraient été rapportés de Chine en 986
par le prêtre Chônen. — Et ce *Sekikaku* qui peignit en 963,
ces deux ascètes méditant, l'un assis, accoudé sur le tigre,
l'autre accoudé le menton dans sa main, avec cette exécution
folle, les étoffes indiquées par de larges traits noirs, profonds,
que le pinceau jeta avec audace et emportement, et les têtes
reservées en gris, que rehaussèrent de petits frottis légers,
tandis que le tigre est le plus surprenant prodige de réussite
dans le rendu de la fourrure (temple de Sho-ho-ji).

Quel art du portrait, chez ces grands Chinois, artistes grandioses dont on ignore tout ! Ce portrait du prêtre chinois
Gendô (au VIIᵉ siècle) par lui-même, représenté debout, mains
jointes, priant la bouche ouverte, la figure si douce rendue par
des traits d'une finesse exquise ; il est vêtu d'un manteau
violet foncé que décorent des feuillages et des fleurs d'or dessinés si fin que ce dut être des œuvres comme celle-ci qui
influencèrent les peintres de figures bouddhiques de l'époque

de Kamakura (temple Chion-ji). Et toujours s'affirment les grands précurseurs chinois, par exemple dans cette fleur rouge charnue entourée de feuilles vertes, d'un modelé surprenant, que le grand Chinois Chunkio (fin des Songs) peignait pour qu'elle fût étudiée et répétée plus tard par Koyetsu dans le temple Hompô-ji, où ce dernier put la connaître. Et les deux superbes Ermites Gamma et Tekkai, d'un beau dessin décisif et accentué, que peignit le célèbre *Ganki !*

Devant le magnifique *Monjû* du grand peintre chinois Godoshi (VIIIe siècle), on voudrait avoir une certitude : l'extra-ordinaire beauté vous l'inspire presque ; mais, dans cet Extrême-Orient où les copies sont si surprenantes d'adresse, on hésite. Et cependant en est-il une plus belle, avec la figure idéale nimbée d'or ? *(Eigen ji aichigun-Omi)*. Puis une autre plus extraordinaire encore du *Tofukuji*.

Une des œuvres les plus émouvantes des primitives écoles japonaises est un immense kakemono représentant le Bouddha descendant du Ciel porté sur le nuage ; à gauche, de grands précipices sombres aux pics fantastiques fleuris de quelques arbustes accrochés, aux floraisons roses et blanches ; et au-dessus des abîmes, en diagonale, un immense nuage blanc sur lequel descendent les cohortes célestes d'Apsaras précédant ou suivant le Bouddha ; elles sont vêtues d'or fin et parfois portent des ceintures roses ; devant sont les porteuses de casso-lettes et du dais qui abrite le Dieu, d'autres dansent et chan-tent, et, en arrière, s'avance celle qui porte le tambourin sur un plateau. Tous ces personnages célestes descendent lente-ment, et le Dieu se dirige à droite vers un petit kiosque où il recueillera l'âme du croyant qui l'attend. Cette œuvre d'un si beau sentiment est attribuée au prêtre Genshin ou Yeshin-

Sozû, abbé du temple Eshin-in, où il serait mort en 1017, et appartient au Chion-in de Kyoto.

Une rare curiosité, et en même temps une œuvre d'art raffinée est ce paysage de Chodensu (le seul qu'on connaisse de lui), une montagne, un torrent avec un petit kiosque, des sommets d'arbres émergeant du brouillard, une exécution veloutée, grasse et spontanée, pleine d'accent.

Deux paysages de *Sesshiu* sont parmi les plus beaux qui soient. Quelle variété de nuances il savait apporter dans les touches d'encre de Chine, dont sont indiqués les arbres et les rochers, les petites pagodes du fond, les plans des rochers ! Trois autres d'*Oguri-Sôtan*, un peu fatigués, mais dont les tons ont conservé toutes leurs valeurs, sont merveilleux comme profondeurs et reliefs des noirs ; l'un représente un bûcheron assis et lisant ; le second, une femme à cheval jouant de la *biwa*, et le dernier un homme à grand chapeau de paille suivi d'un enfant dans un paysage de neige. Les vêtements jaunes ou roses légers y apportent, au milieu des beaux noirs, une note discrète d'une qualité rare (au Mioshin-ji).

De Monotobou sont exposés aussi les douze Fusumas fameux représentant les vagues et les rochers sur un fond pavé d'or bruni, composition d'une audace incroyable, datée de 1559.

Puis le splendide paravent de Masanobou, avec ce grand arbre sur le tronc duquel s'agrippent deux oiseaux, tandis qu'une rivière coule sur la droite et qu'une grande grue picore au premier plan, merveille de noir et blanc (Daïtoku-ji).

Pourrait-on oublier aussi les séries de makimonos de Nobu-zane (1256), si vigoureux de tons, d'un dessin si puissant, et cette page inoubliable où Mijizane descend la rivière avec les rameurs renversés sur les avirons.

Le Musée de Nara ne saurait certainement être comparé au Musée de Kyoto sous le rapport des peintures qui y sont déposées. Ce furent évidemment les grands temples de la région de Kyoto qui possédèrent les grands trésors de ce genre, et c'est à Kyoto qu'une intelligente organisation permettra de les révéler successivement au public. Mais Nara reprend tous ses avantages quant aux sculptures, car c'est autour de la vieille capitale que les premiers grands ateliers de la statuaire de bois et des fondeurs de bronze s'exercèrent, dès l'introduction du Bouddhisme, à interpréter toutes les nobles figures que la religion nouvelle leur avait apportées, et elles se trouvent au Musée assez nombreuses pour qu'on y puisse prendre pleine conscience réfléchie d'un des plus grands arts plastiques que l'Humanité ait connus.

Le Musée, qui ne comporte qu'un rez-de-chaussée surélevé, se trouve dans le parc même, adossé à la forêt, dans un site calme et frais tout à fait propice aux impressions pures qu'on y vient chercher.

Parmi les œuvres de peinture, il faut remarquer une belle figure de *Shotoku-Taishi*, le régent de l'Empire, qui introduisit le Bouddhisme au Japon ; il est assis, en grand manteau jaune et verdâtre et écharpe rouge, tenant sa cassolette ; son visage est rond et régulier, les lèvres avivées de rouge : à ses pieds, une dizaine de personnages agenouillés l'adorent ou l'implorent (au temple Ichi-jo-Hoji, Arima). Dans la série des représentations de Shotoku-Taishi qu'on peut étudier au Japon, il en est qui semblent plus anciennes que celle-ci, telles que celle du temple d'Horiuji, celle de la collection du Baron Kuki.

Remarquable *Kishijo-Tenn* (déesse hindoue Sri) (au

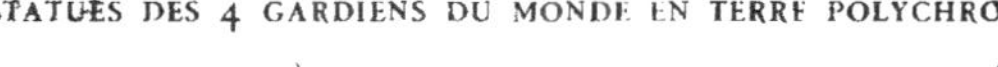

2 DES STATUES DES 4 GARDIENS DU MONDE EN TERRE POLYCHROMÉE ET DORÉE.

SHI-KONGO (VADRAPANI-SANSCRIT),
AU TEMPLE HOKKEDO TODAÏJI (YAMATO),
MILIEU DU VIIIe SIÈCLE.

TAMONTEN (DHRIRACHTRA-SANSCRIT),
AU TEMPLE KODOÏN TODAÏJI (YAMATO),
MILIEU DU VIIIe SIÈCLE.

Yakushi-ji), peinte sur toile très fine ; le mouvement de sa marche donne une jolie envolée à sa jupe verte aux losanges roses ; elle a des fleurs dans les cheveux ; son visage rond à cheveux noirs et cils très marqués a un charme tout féminin et rappelle la figure fameuse du Paravent du Shô-Soïn, œuvre sans doute contemporaine (vers 770). Au revers se lit : deuxième année de Hotokou, remonté il y a quatre cent soixante ans.

De beaux portraits de prêtres, d'une grande vérité manifeste. Mais l'œuvre capitale qui se trouvait au Musée de Nara en 1906 était la série des trois makimonos de *Toba Sojo* (au *Shigi-san*, Yamato), œuvre extraordinaire de fantaisie moqueuse de dessin spontané et vif, d'exécution large comme était sa vision des choses, et qui suppose une science, une facilité tout à fait déconcertantes pour l'époque si reculée où vivait ce prêtre génial (à la fin du XIe siècle), véritable ancêtre de notre Forain : Un saint *(Myoren)* descend un chemin de montagne sur un cheval noir à selle rouge, d'un dessin vrai et grand et d'une admirable couleur ; on lui enlève sa selle, pendant qu'on installe le saint dans une maison et qu'on lui apporte des mets ; puis il reprend sa route et rencontre des paysans, des laveuses, qui vont à la rivière les seins pendant à l'air ; il croise dans la montagne un troupeau de biches. Dans le deuxième makimono, plus gras de peinture peut-être encore, et qu'on a supposé être de *Mitsunaga*, se déroulent de charmants paysages avec des cavaliers, où tout le bel art de la vieille école de Tosa s'affirme. Et dans le troisième rouleau, ce sont des scènes d'un mouvement endiablé, des groupes d'hommes et de femmes dansant échevelées, et vociférant, d'une extraordinaire puissance de vie.

Mais les sculptures doivent ici retenir plutôt notre attention, et tout l'art sublime du Yamato va se développer devant nos yeux, depuis les icones hiératiques et raides qui se distinguent difficilement encore de celles de l'Inde, si quelquesunes n'en sont pas elles-mêmes franchement originaires. Ainsi, ce *Kokuzo Bosatsou* de bois coloré *(Ikomagun* d'Horiuji), à une pose toute droite, sans hanchement, un long visage plat, aux longues oreilles étirées, un masque épaté et aux grosses lèvres ; il a le buste nu et serré à la taille d'une jupe à plis droits tombant sur ses pieds ; il tient de la main gauche basse une bouteille par le goulot, et la paume de la main droite horizontale ; sculpture, d'après les traditions, apportée de l'Inde. C'est en tout cas de statues de bois semblables que durent s'inspirer les premiers fondeurs japonais des figurines de bronze données par la Maison Impériale au Musée de Tokio.

Puis voici qu'un très insensible hanchement apparaît avec le *Juichi-men-Kanzeon Bosatsou* (du Yakushi-ji) debout, levant de la main gauche un vase, et la paume droite en avant ; il est déjà drapé, et l'étoffe laissant nue l'épaule droite passe sur l'épaule gauche ; visage large et gras encore hindou, heureuses proportions. — Le drapé est encore un peu plus cherché et compliqué avec de doubles ondes sur les jambes, mais les proportions plus courtes, et les jambes légèrement fléchissantes, dans une figure en bois coloré tout analogue (du *Akishinodera-Yamato)*, qui serait du sculpteur Annami au XIIe siècle. — De caractère franchement hindou est le *Kanzeon Bosatsou* (du *Daian-ji Yamato)*, au buste nu, couvert de colliers d'orfèvrerie, à la jupe ondée sur les jambes et laissant les chevilles visibles, à la grande écharpe simple et droite, et au visage déjà un peu animé ; — de caractère hindou également les deux fines

STATUES DE TEMPLES DU YAMATO
MUSÉE DE NARA

STATUES DE BOIS DE TEMPLES DU YAMATO
MUSÉE DE NARA

statuettes en bois laqué noir et doré de Monju et Fugen (d'Horiuji) debout sur les lotus, un peu raides, les jupes droites,
l'écharpe droite pendant simplement des épaules, le grand
collier avec pendeloques et glands arrêté par un fermoir sur le
ventre.

Mais le génie japonais devait, à toutes époques, même aux
plus anciennes, secouer ce joug d'hiératisme pesant à ses inspi-
rations, s'évader et chercher à rendre la vie ; c'est là le pur génie
de la race. Et voici qu'apparaissent d'extraordinaires statues
en pied, grandeur nature (de la nature japonaise). Ce sont
quatre des dix grands disciples *Sakya*, de cette technique particulière aux anciens sculpteurs japonais qui revêtaient l'âme de
bois qu'ils avaient dégrossie en figure d'une toile épaisse qu'ils
laquaient par-dessus. Les archives du *Kofukuji*, auquel elles
appartiennent, ont conservé le nom *Mondoshi*, du prêtre génial
qui les exécuta au milieu du VIIIᵉ siècle. C'est *Rakora* les yeux
fermés, figure naïve et douce, dans sa jupe rouge, chaussé de
socques retroussés, drapé dans un ample manteau à plis souples
et rayures noires ; c'est *Furona*, la bouche un peu lippue, les
yeux grands ouverts, les pieds nus admirables sur les patins
de bois nattés, la poitrine découverte avec les côtes bien indiquées par un savant modelé, drapé dans son manteau que des
plis transversaux superbes font passer sur le bras gauche, d'où
ils retombent, figure où le sentiment antique des plus belles
statues grecques transparaît. C'est *Kusen-en*, tête ronde, jeuf-
flue, pieds nus sur le patin natté, drapé dans un grand manteau
d'où sort la main gauche aux doigts souples. C'est *Shubodai*,
la plus expressive de toutes, la bouche ouverte aux dents
apparentes, parlant avec un grand air de tristesse ; son manteau
a glissé de son épaule nue et repasse de la hanche sur le poignet

gauche avec des plis d'une noblesse qu'aucune statuaire n'a jamais dépassée. — Statues vraiment émouvantes par leur noblesse et leur simplicité, en lesquelles tout a été exprimé, la vie intime des âmes, l'attitude, la beauté du drapé, et qui sont d'une vérité générale si absolue qu'aucun caractère ethnique ne vient s'interposer entre notre sensibilité et la leur.

Et, tout à côté de ces penseurs, le caractère mâle et guerrier s'affirme dans ces cinq admirables figures des huit *Bashus de Tenryu* (du Kofukuji), qu'aurait sculptés encore ce prodigieux Mondoshi, dont le nom doit passer dans la famille immortelle des plus grands sculpteurs du monde. Ils sont en armures et casqués, quelques-uns avec des écharpes autour des reins, — peints, laqués noirs et or, avec ces couleurs riches que le temps a patinées. On ne saurait imaginer plus savoureureuses visions d'art que ces statues.

Connaîtrons-nous jamais l'histoire de ces merveilleux artistes, qui, dans l'ombre des temples et des monastères, avaient rencontré, naïvement, les plus belles formes d'art qu'un cerveau humain ait inventées ? Qu'était dans ce Kofukuji ce Kukai qui, dans la première moitié du IXe siècle, y sculptait cette grande statue, d'une puissance incomparable, de *Jikoku-Tenno*, en armure, terrible, aux yeux menaçants et brandissant son glaive ; — et ces cinq figures des *Douze Dieux gardiens de Yakushi*, méplates, en assez fort relief, découpées dans le bois, et ajourées pour être posées sur un fond, figures démoniaques, torturées de mouvement, un peu compliquées de plis ? Mais quelle vigueur et quel accent !

Du même temple sont encore ces quatre rois Devas en bois laqué et doré, en armures, piétinant les Démons, un peu courts et massifs, mais d'une extraordinaire puissance, avec leurs bras tendus, leurs muscles saillants, leurs poings serrés, leurs visages contractés, images de la force irrésistible. Sur la tranche du socle de deux d'entre eux, on lit : « Faits dans la quatrième année de l'ère Suriaku (792) et réparés en 1386 par un prêtre du temple. »

Voici *Saka Nyoraî* assis, en bois peint noir, autrefois doré, main droite bénissant, la poitrine nue, dans un vêtement aux beaux plis, visage d'une infinie douceur, qu'un certain Jocho aurait exécuté au XIe siècle.

Puis se révèle cet autre artiste merveilleux *Jokei*, qui sculpta au Kofukuji, entre le XIIe et le XIIIe siècle, cet *Huima Koji* en bois peint, assis, sceptre en main, d'une dignité toute royale, parlant avec une intensité de vie troublante, — et cet autre, laqué blanc (de l'Hokkei-ji), plus adouci, que nous vîmes à Paris en 1900, dont la bouche et les yeux sont des prodiges d'exécution nette et franche.

Qu'était-ce *Teikei*, ce grand artiste de Kasuga, qui, au *Kenkyu-era*, sculpta, à l'extrême fin du XIIe siècle, ces deux prodigieux Nio-ô de bois peint, demi-nus, aux muscles et aux pectoraux accentués, magnifiques d'anatomie savante, les faces et les mains d'une énergie d'expression peu commune ?

Quelle splendide statue que celle de Muchaku, prêtre indien, dont la grasse figure est si vivante, avec ses gros traits, son vêtement drapé comme une toge, son front développé avec une protubérance, qu'on prendrait pour un solide buste d'époque romaine ! — Superbe encore est ce Dieu *Emma-ô*, roi des Enfers (du temple *Byaku-go-ji*), au corps énorme, assis, vociférant des paroles terribles qu'accentuent encore d'effrayants yeux de verre, tandis que sa main droite tient levé

le texte bouddhique sur la large tablette de bois, et qu'une
inscription date de 1495.

Et que d'autres chefs-d'œuvre renferme encore le Musée
de Nara ? Ne serait-ce que les adorables statuettes de Shotoku
enfant : l'une debout, empêtré dans sa robe trop longue, et
priant, les mains jointes ; l'autre à genoux, les mains tendues,
avec ce visage rond, poupin, naïf et charmant, œuvres d'une
fraîcheur comparable à celle de la première Renaissance Ita-
lienne ; ou cet étrange démon enlacé d'un serpent et portant
une lanterne sur sa tête, œuvre de Hokkyo Koben au XIIIe siècle ; ou ce curieux instrument de musique en bronze, fait d'un
lion couché portant une tige autour de laquelle s'enroulent
quatre dragons enserrant un gong suspendu, — et tant d'autres
choses émouvantes ou séduisantes, qui font du Musée de Nara
un des plus beaux musées de sculpture du monde.

YUIMA-KOJI (VIMALAKIRTI-SANSCRIT),
BOIS PEINT, ÉCOLE DE UNKEI XIIIe SIÈCLE,
TEMPLE KOFUKUJI DE NARA.

CONCLUSION

Je ne sais si, au cours de ces impressions, j'aurai bien su
rendre les aspects de ce pays qui peuvent nous enchanter. Ces
aspects sont multiples, et il n'est peut-être pas à l'heure actuelle
de pays qui soit plus intéressant à étudier. Les paysages en
sont constamment charmants, agrestes, aimables et animés,
rarement sauvages ou grandioses, si ce n'est en quelques régions
maritimes ou autour du sublime Fuji. Cela tient sans doute à
ce que le Japon est extraordinairement peuplé et cultivé, et
qu'il n'est pour ainsi dire pas un pouce du sol qui soit demeuré
en jachère. Nulle part l'excès de population ne saurait être plus
évident que dans les grandes plaines des environs d'Osaka,
où à certaines époques de l'année, aux semailles ou à la coupe
des pailles de riz, tout un peuple grouille, empressé aux travaux des champs.

Pour ceux qu'intéressent particulièrement les questions
historiques, est-il problème plus émouvant que l'évolution
actuelle de ce peuple, hier encore lié par les entraves de la vie
féodale, livré aujourd'hui aux hasards de la vie parlementaire
et industrielle, oscillant entre l'attachement le plus profond à
ses traditions nationales et le désir le plus orgueilleux et le
plus fou d'être « dans le mouvement » ?

Pour ceux enfin que l'Art passionne avant tout, est-il
peuple dont la vie ait été, depuis ses plus lointaines origines,

plus pénétrée d'Art, et qui en ait toujours senti un plus intime besoin ?

L'Art est partout : dans la Nature, que le Japonais a pliée à son caprice ou à son goût ; dans la maison, même la plus humble, au cachet profondément artistique, et toujours ornée d'une belle chose que l'habitant pourra contempler ou caresser à son aise ; dans les objets les plus usuels, les plus personnels, empreints toujours de la fantaisie la plus exquise et du goût le plus châtié. Et, quand on se tourne vers les hauts sommets de cet Art, vers la Peinture et vers la Sculpture, on demeure saisi des grands caractères de beauté, de noblesse, de style, qui le font l'égal des plus grands Arts de l'Humanité.

Il faudra bien des années encore pour que ces vérités deviennent évidentes ; il faudra que beaucoup d'Européens, très éduqués, entreprennent ce lointain voyage, car l'Art japonais ne pourra jamais être totalement compris et goûté qu'au Japon même : l'Occident manquera toujours des éléments propres à le révéler.

On ne saurait vraiment s'épouvanter à l'avance des difficultés d'un semblable voyage, que tant de facilités de transports et les plus grandes commodités de vie ont rendu si aisé. Et l'amour-propre des Japonais leur fait exagérer encore l'affabilité d'un accueil qui n'est pas le moindre charme de la visite qu'on leur rend.

INDEX DES NOMS JAPONAIS

.

A

AMIDA. — Divinité habitant un merveilleux Paradis à l'Ouest, l'idéal de l'intelligence sans bornes.

ASKIHAGA. — Dynastie des Shôguns qui détint le pouvoir du XIVe au XVIe siècle.

B

BAEN. — Peintre chinois. Dynastie Yuen, XIIIe siècle.

BENTEN. — Une des sept Divinités du Bonheur.

BIWA. — Ancien instrument de musique, à forme de guitare.

BONTEN. — Appellation japonaise de Brahma.

BOSATSOU. — Titre général d'une grande catégorie de Saints bouddhistes, généralement vingt-cinq, qui doivent passer à travers la forme humaine avant d'atteindre le Nirvâna.

BUKAU. — Divinité bouddhique.

BUSON. — Peintre japonais (1715-1783).

C

CHA-JIN. — Amateur de thé.

CHA-KAI. — Réunion sous prétexte de thé.

CHA-NO-YOU. — Cérémonie du thé.

CHA-SÉKI. — Chambre pour la cérémonie du thé.

CHO-SHIKIO. — Peintre chinois, Dynastie Song, XIe siècle.

CHODENSU (Minshô). — 1351-1431, grand peintre japonais.

CRYPTOMÉRIAS. — Arbres de la famille des Cèdres.

D

Dai-Butsu. — Ou grand Bouddha.
Daimios. — Seigneurs féodaux.
Dévas. — Rois-gardiens des Dieux.
Dharma. — Patriarche bouddhiste de l'Inde déifié (vie siècle).
Dô-Ji. — Divinité bouddhique.

E

Eitokou. — Peintre de l'École des Kano (1543-1590).

F

Fugen. — Divinité bouddhique de la méditation extatique généralement repré-
sentée à la droite de Sakia-Muni.
Fujiwara. — Famille féodale influente du Japon, qui détint le pouvoir avant les
Shôguns (670-1050).

G

Ganki. — Célèbre peintre chinois. Dynastie Yuen (commencement du xive siècle).
Godoshi. — Célèbre peintre chinois Wu Taô Tseu (viiie siècle).

H

Hideyoshi. — Général au service de Nobunaga, puis régent de l'Empire quand
il se fut emparé de Kyoto (1536-1598).
Hinochi. — Variété de Cèdres.
Hiroshighé. — Peintre et estampeur de la première moitié du xixe siècle (1786-
1858).
Hojô. — Famille féodale, isuse des Taïra, qui fut en lutte aux xiiie-xive siècles
avec les premiers Shôguns Minamoto.
Hoksai. — Grand peintre et estampeur (1760-1849).
Hotei. — Un des sept Dieux du Bonheur.

I

IEMITSU. — 17e Shôguns de la dynastie des Tokugawa (xviie siècle).
IEYASU. — Célèbre général et fondateur de la dynastie des Shôguns Tokougawa (1542-1616).
IZUMI. — Région du Yoshinô.

J

JASOKOU. — Peintre fondateur de l'École Soga (deuxième moitié du xve siècle).
JINGORO (Hidari). — Célèbre sculpteur de bois, qui travailla surtout à Nikko (1594-1634).
JITTOKOU. — Personnage légendaire du Japon accompagné toujours de Kanzan.
JIZO. — Divinité bouddhique secourable à ceux qui sont dans la douleur. Patron des voyageurs, des femmes et des enfants.
JÔCHÔ. — Un des grands sculpteurs du Moyen Age au Japon, sous le règne de l'Empereur Gô-Ichijô.
JOKEI. — Grand sculpteur du Japon au xiiie siècle.

K

KAKEMONO. — Peinture sur soie qui se roule sur un bâtonnet.
KAKIS. — Fruits jaunes à multiples noyaux.
KAMAKURA. — Capitale du Kanto du xiie au xve siècle.
KARATSU. — Dénomination d'un centre de poteries de la province d'Hizen, très ancien, probablement fondé par des Coréens.
KASUGA. — École de peinture de Yamato à la fin du xie siècle.
KANAOKA (Kose). — Un des plus anciens peintres fameux du Japon (deuxième moitié du ixe siècle).
KANZAN. — Personnage légendaire au Japon, accompagné toujours de Jittokou.
KOBO-DAISHI. — Le plus fameux des Saints bouddhistes du Japon (774-834).
KABORI-ENSHU (1577-1645). — Seigneur à la cour d'Hideyoshi et de Ieyasu, qui codifia la cérémonie du thé et créa l'art d'arranger les fleurs.
KOGO. — Petite boîte à couvercle.
KOI (Kano). — Peintre de l'École des Kano, appelé aussi Sadanobou (1597-1673).
KOYA-SAN. — Une des montagnes de la province de Yoshino, sur laquelle s'étendit une agglomération monacale très ancienne (fondée en 816 par Kobo-Daiski).
KUJAKU-MIOÔ. — Divinité bouddhique.

KURA. — Réduit aux murs de maçonnerie dans lequel on enferme les objets précieux.

KWANNON. — La Déesse de Miséricorde.

M

MAKIMONO. — Long rouleau de soie, couvert de dessins gouachés, qu'on roule sur un bâtonnet.

MATAHEI. — Peintre japonais, fondateur de l'École de l'Ou-Kiyoye (fin du XVIe siècle).

MIEIDÔ. — Temple du Koya-San.

MINAMOTO. — La plus illustre des maisons féodales japonaises d'où sont sorties les trois dynasties de Shôguns (originaire de Kamakura au XIIe siècle).

MIROKU. — Successeur du Bouddha, dont la venue annoncée est attendue (5.000 ans après l'entrée de Bouddha dans le Néant.)

MITSUOKI. — Peintre de l'École de Tosa au XVe siècle.

MITSUSASHI. — Vase en grès contenant l'eau.

MOKKEI. — Célèbre peintre chinois, Mou-hsi, sous la dynastie des Song (XIe siècle).

MOMMIJI. — Érables.

MONJU. — Divinité suprême de la Sagesse transcendantale, représentée généralement assise à la gauche de Sakia-Muni.

MOTONOBOU. — Grand peintre de l'École des Kano (1475-1559).

N

NAONOBOU. — Peintre de l'École des Kano (1607-1651).

NIJO. — Château du Shôgun à Kyoto.

NIÔO. — Les deux rois Devas, Indra et Brahma, qui gardent les portes des temples.

NISHI-HONGANJI. — Secte du XVIIe siècle et Temple le plus fameux de la secte à Kyoto.

NOAMI. — Vers 1450. Peintre japonais de l'École de Shûbûn.

O

OKIO (Maruyama). — 1732-1795. Très grand peintre japonais.

OUKIYOYÉ. — École de peinture issue de Matahei au début du XVIIe siècle.

OUTAMARO. — Peintre et estampeur du XVIIIe siècle.

R

RAKKANS. — Saints parfaits ; on désigne ainsi les disciples immédiats de Bouddha, spécialement ses 500 disciples ou ses 16 disciples.

RIKYU. — 1521-1591. Organisateur des cérémonies du thé, directeur d'esthétique à la Cour d'Hideyoshi.

RI-RYÔMIN. — Fameux peintre chinois. Dynastie des Song (XIe siècle).

S

SAKIA-MOUNI. — Fondateur du Bouddhisme, appelé aussi dans l'Inde Gautama ou Bouddha, né vers 653 avant l'ère chrétienne.

SENNINS. — Les génies du Taoïsme.

SESSHIU. — 1420-1507. Grand peintre japonais.

SESSON. — Vers 1570. Grand peintre japonais.

SHAMISEN. — Instrument de musique, à forme de guitare, sans doute importé de Manille vers 1700

SHINGON. — Une des quatre principales sectes religieuses, d'origine choinoise, existant au Japon.

SHINTO. — La religion primitive des Japonais.

SHI-TENNO. — Les quatre Rois du Ciel, qui défendent le Monde des attaques des Démons.

SHOGA (Takuma). — Vers 1204. Peintre japonais.

SHÔGUNS. — Chefs de la caste militaire, qui, à partir du XIIe siècle, gouvernèrent l'Empire au nom du Mikado (1190-1867).

SHOTOKU-TAISHI. — 572-621. Fils de l'Empereur Yomei, et régent de l'Empire sous l'Impératrice Suïko.

SHUM-BOKOU. — Peintre et graveur du XVIe siècle.

SOAMI. — Peintre japonais (deuxième moitié du XVe siècle).

SONG. — Dynastie chinoise (960-1126).

SOTAN (Oguri). — Peintre de l'École de Shubun (deuxième moitié du XVe siècle).

SUMIYOSHI. — Peintre japonais de l'École de Tosa.

T

TAIKO. — Titre militaire d'Hideyoshi.

TAIRA. — Illustre clan militaire d'origine impériale, en lutte avec les Minamoto, au XIIe siècle.

TAISHAKU. — Appellation japonaise d'Indra.

TAKUMA. — École de peinture dérivée de l'École de Kosé Kanaoka, dans la seconde moitié du XIe siècle.

TAMBA. — Dénomination d'un centre de potiers du XVIe siècle.

TANYU. — Peintre de l'École des Kano, appelé aussi Morinobu (1601-1674).

TCHOKOUAN. — Peintre de l'École Soga (fin du XVIe siècle), commencement du XVIIe siècle.)

TCHÔSEN. — Appellation en japonais de la Corée.

TOKOUGAWA. — Dynastie de Shôguns, issue des Minamoto, et dont le chef fut Ieyasu (1603-1867).

TOSA (École de). — École de peinture, issue de Tsunetaka vers 1230.

TOYOKOUNI. — Peintre et estampeur de la première moitié du XIXe siècle.

TSUNENOBOU. — Peintre japonais de l'École des Kano (1635-1713).

<h2 style="text-align:center">Y</h2>

YASUNOBOU. — Peintre japonais de l'École des Kano (1608-1683).

YORITOMO (Minamoto). — Seigneur de la famille féodale des Minamoto, fondateur du Shôgunat, en 1192.

YOSHIMITSU (Ashikaga). — Un des plus fameux Shôguns de la dynastie des Ashikaga (1380-1408).

YUEN. — Dynastie chinoise (1280-1367).

YUSHO. — Peintre japonais de l'École des Kano (1615).

TABLE DES PLANCHES

TABLE DES MATIÈRES

ABBEVILLE.   IMPRIMERIE F. PAILLART. — 26-8-26.